企业信息化管理与创新

张道海　金　帅　编著

机械工业出版社

本书立足于数字化时代的企业信息化管理，以数字化技术支撑下的企业变革与管理创新为主线，将案例贯穿始终。内容涉及企业面临的挑战及信息技术扮演的角色、信息与信息系统、数据思维、信息系统应用、基于信息系统的企业变革管理、IT与创新、IT治理与投资决策、信息系统建设、信息系统安全与控制、IT带来的机会与挑战等，让读者全面了解数字化时代企业信息化管理的内涵与本质，以及如何促进管理变革与创新。

本书可作为企业高级管理人才培训和MBA核心课程"管理信息系统"的教材，也可作为MBA、MEM、EMBA等相关专业的参考教材，以及信息管理与信息系统、电子商务、工商管理等专业的本科生选读教材。

图书在版编目（CIP）数据

企业信息化管理与创新 / 张道海，金帅编著．—北京：机械工业出版社，2024.3

ISBN 978-7-111-75325-4

Ⅰ. ①企⋯ Ⅱ. ①张⋯ ②金⋯ Ⅲ. ①企业信息化－企业管理－教材 Ⅳ. ① F272.7-39

中国国家版本馆CIP数据核字（2024）第052681号

机械工业出版社（北京市百万庄大街22号　邮政编码100037）
策划编辑：路乙达　　　　责任编辑：路乙达　马新娟
责任校对：孙明慧　李　婷　封面设计：马若漾
责任印制：刘　媛
唐山三艺印务有限公司印刷
2024年5月第1版第1次印刷
184mm×260mm・11印张・223千字
标准书号：ISBN 978-7-111-75325-4
定价：39.00元

电话服务　　　　　　网络服务
客服电话：010-88361066　　机 工 官 网：www.cmpbook.com
　　　　　010-88379833　　机 工 官 博：weibo.com/cmp1952
　　　　　010-68326294　　金 书 网：www.golden-book.com
封底无防伪标均为盗版　机工教育服务网：www.cmpedu.com

前 言

颠覆在转瞬之间,有的企业过去做得非常好,但还是不能改变被淘汰的命运,新零售行业往往都是以前不做零售的人来做,比如京东、腾讯等,整个零售的规则被颠覆。传统的运营关注哪里人流量大、店面好、货物充足,把握这些要素就能带来好的收益,所以关注的重点是选址。现在关注的焦点是物流和配送,这就是对传统规则的颠覆。

数字化已经关系到企业未来生存。我们不得不承认,在今天这样技术发展层出不穷的时代,特别是随着互联网和云计算的兴起,数字化技术资源的获取变得越来越容易。显然,数字化资源本身是一种工具,仅仅依靠数字化技术形成的竞争力已经不能成为企业发展的核心竞争力,而数字化与业务相融合并产生共鸣,才能发挥它的价值。因此,作为一名企业管理者,需要前瞻性地思考数字化支撑下的企业应该如何发展和创新,这就要求企业管理者更加关注企业发展管理中新的数字化思维和理念,并把它们运用于企业实践中。

本书基于信息化战略的视角,从四个方面展开,第一部分认识IT及信息与信息系统,第二部分讲解数据思维与信息系统应用,第三部分讲解基于信息系统的变革管理与创新,第四部分介绍信息系统的治理与投资决策等。

本书由张道海统筹组织,金帅负责第2章、第8章和第10章的编写,其余章节由张道海编写。本书的内容主要根据作者多年MBA教学经验和企业培训中的讲稿整理而成。在多年的实践教学和培训过程中,作者参考了大量书籍、网络资源和案例,在此向这些资料的作者表示衷心的感谢!

本书的出版得到了江苏省高校哲学社会科学研究重大项目(2020SJZDA063)、国家自然科学基金面上项目(71974081)、江苏大学研究生教材建设专项基金的资助,谨在此表达诚挚的谢意!本书主要面向企业中高层管理人员,可用于企业信息化管理与创新的培训教材,也可作为MBA、MEM、EMBA和本科生相关课程的教材。

由于作者理论修养和自身能力的局限性,本书难免存在一些不足与缺陷,敬请读者不吝指正。

目 录

前言

第 1 章　企业面临的挑战及信息技术扮演的角色 …… 1
1.1　问题提出 …… 1
  1.1.1　不同的思维需要不同的管理模式 …… 1
  1.1.2　人类进步代表性的标签 …… 2
  1.1.3　"互联网 +"能给企业带来什么 …… 2
  1.1.4　企业面临的新挑战 …… 4
1.2　转型是克服危机的必然选择 …… 4
  1.2.1　危机与冲击 …… 4
  1.2.2　乔布斯的"遗产" …… 5
  1.2.3　"Nike+" …… 6
  1.2.4　跨入"区块链"时代 …… 6
1.3　信息技术的实践展现 …… 8
  1.3.1　移动互联网重新布局社会生态 …… 8
  1.3.2　移动的智能终端 …… 9
  1.3.3　服务重构 …… 9
  1.3.4　未来商店 …… 10
1.4　对信息技术的认识 …… 11
  1.4.1　利丰贸易 …… 11
  1.4.2　售后服务数字化 …… 13
1.5　信息技术扮演的角色 …… 15
  1.5.1　企业信息化——信息化驱动的企业创新 …… 15
  1.5.2　企业管理者需要知道什么 …… 15
1.6　案例思考：传统影像"巨人"倒在数码时代 …… 16

第 2 章　信息与信息系统 …… 20
2.1　数据与信息 …… 20
  2.1.1　数据的表示和信息熵 …… 20
  2.1.2　信息的层次 …… 21
  2.1.3　信息的价值 …… 22
  2.1.4　信息利用的现在和未来 …… 23
2.2　大数据 …… 23
  2.2.1　大数据的定义 …… 23
  2.2.2　大数据的商业价值 …… 25

2.2.3　大数据的关键技术 25
　　　2.2.4　科学研究范式与大数据处理流程 26
　2.3　信息系统 27
　　　2.3.1　理解信息系统 27
　　　2.3.2　信息系统结构 28
　　　2.3.3　信息系统的体系架构 29
　　　2.3.4　信息系统的困境 30
　2.4　美的信息系统实践 31
　2.5　案例思考：能接受 RTE 吗 33

第 3 章　数据思维 36
　3.1　数据的价值 36
　　　3.1.1　数据的商业价值 36
　　　3.1.2　可量化的参照系 37
　3.2　数据分析的"道"与"术" 37
　　　3.2.1　数据分析的"道" 37
　　　3.2.2　数据分析的"术" 37
　3.3　搞清楚客户需求 38
　3.4　数据分析与常用工具 38
　　　3.4.1　数据可视化 38
　　　3.4.2　数据挖掘工具 SPSS 40
　3.5　一个数据分析实例 46
　　　3.5.1　项目背景及需求 46
　　　3.5.2　问题定义 46
　　　3.5.3　模型构建 47
　　　3.5.4　问题解决与成效 47
　3.6　数据分析赋能行业应用 47
　3.7　案例思考：不做物流的"物流汇" 50

第 4 章　信息系统应用 54
　4.1　企业成长中的 IT 选择 54
　4.2　ERP 54
　　　4.2.1　理解 ERP 54
　　　4.2.2　ERP 的发展 57
　　　4.2.3　ERP 的实施 58
　4.3　供应链 63
　　　4.3.1　引言 63
　　　4.3.2　供应链结构 65
　　　4.3.3　供应链问题 66

4.3.4　供应链渠道变革……………………………………………………………68
　4.4　电子商务……………………………………………………………………………69
　　　4.4.1　模式变革……………………………………………………………………69
　　　4.4.2　理解电子商务………………………………………………………………69
　　　4.4.3　电子商务系统架构…………………………………………………………70
　　　4.4.4　网络营销……………………………………………………………………71
　　　4.4.5　网络公关……………………………………………………………………72
　4.5　案例思考：联强国际集团高科技产品配销的转型………………………………74

第 5 章　基于信息系统的企业变革管理 …………………………………………76
　5.1　信息系统的价值……………………………………………………………………76
　5.2　企业中的组织结构…………………………………………………………………78
　5.3　BPR……………………………………………………………………………………80
　　　5.3.1　什么是 BPR …………………………………………………………………81
　　　5.3.2　如何进行 BPR ………………………………………………………………81
　　　5.3.3　BPR 实施……………………………………………………………………85
　5.4　案例思考：海尔集团组织变革……………………………………………………86

第 6 章　IT 与创新 …………………………………………………………………………90
　6.1　信息技术与信息管理………………………………………………………………90
　　　6.1.1　从 IT 术语谈起………………………………………………………………90
　　　6.1.2　信息技术的层次性…………………………………………………………91
　　　6.1.3　信息技术能给企业带来什么………………………………………………91
　　　6.1.4　信息技术应用………………………………………………………………93
　6.2　IT 与数字化…………………………………………………………………………98
　　　6.2.1　数字化正在重塑一切………………………………………………………98
　　　6.2.2　数字经济……………………………………………………………………99
　　　6.2.3　数字化转型…………………………………………………………………99
　　　6.2.4　技术融合产生创新价值……………………………………………………102
　6.3　IT 与创新实践………………………………………………………………………103
　　　6.3.1　天津港数字化转型…………………………………………………………103
　　　6.3.2　从《超级女声》看 IT 应用…………………………………………………106
　6.4　基于 IT 的商业模式创新……………………………………………………………109
　　　6.4.1　商业模式创新………………………………………………………………109
　　　6.4.2　产品 / 服务创新……………………………………………………………111
　6.5　案例思考：恒顺数字化转型之路…………………………………………………112

第 7 章　IT 治理与投资决策 ……………………………………………………………118
　7.1　为什么需要 IT 治理…………………………………………………………………118
　7.2　IT 治理的定义和内容………………………………………………………………119

7.3 中国企业 IT 治理的三大支柱 ·· 121
7.4 IT 投资决策的关键任务 ·· 122
7.5 R 公司 IT 治理 ··· 123
    7.5.1 IT 现状和目标 ·· 124
    7.5.2 IT 治理的方法与标准 ··· 124
    7.5.3 IT 组织架构 ··· 126
    7.5.4 IT 人力资源管理 ··· 128
    7.5.5 IT 项目管理流程 ··· 129
    7.5.6 IT 管理制度 ··· 130
7.6 IT 治理的作用 ·· 130
7.7 案例思考：三九医药贸易有限公司 IT 治理 ······························· 132

第 8 章 信息系统建设 ·· 135
8.1 信息系统规划 ·· 135
    8.1.1 信息系统规划常见情境 ··· 135
    8.1.2 诺兰模型 ··· 136
    8.1.3 如何进行信息系统规划 ··· 137
8.2 信息系统规划方法 ·· 138
    8.2.1 关键成功因素法 ·· 139
    8.2.2 战略目标集转化法 ··· 139
    8.2.3 企业系统规划法 ·· 140
    8.2.4 基于 BPR 的信息系统战略规划方法 ································· 142
8.3 信息系统建设 ·· 144
8.4 案例思考：唐潮中小企业的信息化之路 ··································· 145

第 9 章 信息系统安全与控制 ··· 148
9.1 互联网给企业安全管理带来的挑战 ··· 148
9.2 员工上网行为安全管理 ·· 150
9.3 信息系统安全运营管理 ·· 151
9.4 信息系统中的责任与道德 ··· 152
9.5 BYOD 让自由办公成为现实 ·· 153
9.6 案例思考：天喻信息的数据安全专家成长之路 ·························· 153

第 10 章 IT 带来的机会与挑战 ··· 159
10.1 信息技术引领政策方向 ·· 159
10.2 信息技术改变企业环境 ·· 160
10.3 数字化时代企业管理理念的变化 ·· 161
10.4 案例思考：三一重工如何建成灯塔工厂 ································· 162

后记 ·· 166

参考文献 ·· 168

第 1 章
企业面临的挑战及信息技术扮演的角色

近年来,互联网、大数据、云计算、人工智能、区块链等技术加速创新,日益融入经济社会发展各领域全过程,数字经济发展速度之快、辐射范围之广、影响程度之深前所未有,正在成为重组全球要素资源、重塑全球经济结构、改变全球竞争格局的关键力量。因此,各行各业要充分发挥海量数据和丰富应用场景优势,促进数字技术与实体经济深度融合,赋能传统产业转型升级,催生新产业新业态新模式,不断做强我国数字经济。

1.1 问题提出

1.1.1 不同的思维需要不同的管理模式

从企业信息化到产业链整合,再到数字经济,平台化、数字化、普惠化是数字经济时代的三大特征和主要发展趋势。比如,零售离不开人(消费者)、场(场地)、货(商品),传统的零售是线下经营,在数字经济时代,淘宝将交易由传统的线下搬到线上,通过支付宝建立买家和卖家的信任关系,再通过社交网络建立零售产业链的生态圈,这就是淘宝的平台化经营模式。平台化就是一种全新的思维模式,有人说它可以把所有的传统生意重新再做一遍,似乎并不夸张。

在数字经济时代,客户从过去的孤陋寡闻到见多识广,从分散孤立到彼此间的相互联系,从消极被动到主动联系。消费内容和方式也在改变,维权意思增强,更加注重情感体验和个性化,客户可以通过微信等工具获取资源,通过社交群寻找情感,与客户共创价值逐渐成为企业创新的源泉。

由此,如何服务新的客户,如何与客户共创价值,如何培育新组织、新文化,这是企业内部必须面对的新情况和新问题。企业之间的协作也必须做出改变,过去强连接、刚性、核心企业主导的供应链协作需要做出调整,以适应现在弱连接、柔性化、社会化的互联网大协作。

在此背景下,企业面对新的客户,内部如何应对,外部如何协作,不同的思维逻辑需要不同的管理方式。

1.1.2 人类进步代表性的标签

人类文明进步的每个阶段都有代表性的标签，如图1-1所示。18世纪第一次工业革命发明了煤炭和蒸汽机；19世纪第二次工业革命发明了内燃机、石油和电力；20世纪信息技术得到充分发展，加速了自动化进程；21世纪互联网、云计算、大数据、人工智能、区块链等已经成为驱动创新的主旋律。

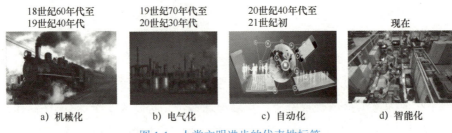

图1-1 人类文明进步的代表性标签

在过去的科技革命中，基于社会化大生产的需要，专业化分工不断发展，由此形成很多基于单项能力的佼佼者，包括金融、通信、交通、制造、零售、仓储、物流等，这也是目前主流的社会行业分工形式。而今天，随着以互联网为核心的第三次信息化变革的到来，这种传统的行业边界被轻松打破。

移动互联网、智能终端和传感器渗透到每一个角落，形成了人人有终端、物物有传感、处处可上网的数字化格局。万物互联，所有的事物都有接口实现彼此的数据交换，数据已不是刻意收集的，而是自然记录的，大数据也就成了新的生产要素。在这样的背景下，需要重塑生产方式，以适应生产力的发展。

1.1.3 "互联网+"能给企业带来什么

2015年《政府工作报告》中明确提出制订"互联网+"行动计划，显然国家早已将"互联网+"提升到国家战略层面。党的十九大进一步提出推动互联网、大数据、人工智能和实体经济深度融合。那么，"互联网+"到底是什么，已经发展到什么程度了，能给企业带来怎样的变化，如何才能融入"互联网+"呢？这些就是企业管理者需要思考的问题。

以"蒸汽机+"为例，蒸汽机的出现曾引起了18世纪的工业革命。蒸汽机与铁路结合产生了火车，蒸汽机与水路结合产生了轮船，如图1-2所示。

人们在生产火车和轮船的过程中，需要煤炭、钢铁，出现了"煤炭大王""钢铁大王"，同时产生了化工、冶炼等技术。蒸汽机促进了煤炭、钢铁、化工、冶炼等行业的发展，对于这些行业来说，可以称为"蒸汽机+"。但还有一些行业，比如以马车制造、马匹养殖、马具生产为代表的传统行业逐渐没落，对它们来说，就不是"蒸汽机+"，而是"蒸汽机-"了。

第1章 企业面临的挑战及信息技术扮演的角色

图 1-2 "蒸汽机+"时代

这就是生产力决定生产关系的辩证唯物论。生产力是人类改变自然的力量，生产工具是生产力的客观标志，科学技术是第一生产力；生产关系是人们在改造自然过程中形成的人与人之间的关系，生产关系适应生产力的发展，对社会有促进作业，但生产关系阻碍生产力的发展，终将会被淘汰，这股无形的力量称为"势"。

今天的"互联网+"如同过去的"蒸汽机+"。如图 1-3 所示，"互联网+金融"带来了互联网金融，"互联网+零售"带来了新零售，"互联网+医疗"带来了在线医疗，"互联网+交通"带来了网约车出行，"互联网+餐饮"带来了外卖服务，"互联网+工业"带来了智能制造……

图 1-3 互联网＋X

尽管各行业目前都存在因为发展过快带来的一些亟须解决的问题，但不可否认这些模式的创新推动了社会的进步和行业的发展。

1.1.4 企业面临的新挑战

在产品逐渐同质化的时代，服务越来越成为企业未来生存的关键。发现用户服务需求，为用户创造服务需求，将服务更好地传递给用户，以及创造良好的服务生态，成为企业不断追求的目标。但企业在发现服务需求、创造服务需求、传递服务的过程中也面临着新的挑战。下面举几个实际例子：

今日头条根据用户的浏览记录来发现用户需求，由此产生的问题可能是过度推荐导致的"茧房效应"，推荐使用户的认识越来越局限，如何更好地基于用户体验来发现新的服务需求是当前智能推荐需要解决的问题。

小米公司通过创业平台"米家"和"小米"，将创业者与消费者紧密联系在一起，让消费者参与新产品开发、产品营销，创业平台价值潜力蕴含在一个个业务创新的场景中，基于场景痛点来创造服务需求是当前价值共创面临的新机遇和新挑战。

当传递服务的主体从人变成了智能机器，随之而来的是智能交互中的相互适应、隐私安全，我们同时也要时刻警惕传统服务逐渐被遗忘，过度依赖机器的服务就缺少了人的情感和温度。因此，一方面要相信趋势的力量；另一方面要不忘初心，回归服务的本质。

1.2 转型是克服危机的必然选择

1.2.1 危机与冲击

新一代信息技术如移动互联网、物联网、云计算、社会化媒体以及大数据等的兴起，对传统行业带来了巨大的挑战。

试想一下这样的场景：小李忙碌了一整天，看看手机还有15min就要下班了，赶忙打开App，预约了楼下的共享单车，扫码骑行到距离公司2km的地铁站，又用App直接刷卡乘坐地铁。还有2h才能到家，饭得先烧起来，他又打开App，启动已经准备好的电饭煲开始做饭。安全到家后，刷脸自动开门，智能语音瞬间启动："李总辛苦了，欢迎回家！"随后响起那首熟悉的歌谣，小李惬意地坐在沙发上抽了根烟，突然传来老婆的语音："你是不是又在家里抽烟了，小心我回来揍你。"

这就是信息技术对我们日常生活的改变，这个简单的场景应用融合了物联网、LBS（基于位置服务）、5G、图像识别、移动开发、智能控制等技术应用，这些技术不仅颠覆了人们的衣食住行用，传统零售、餐饮、医疗、教育、旅游、交通、工业等领域均在不断被改变，技术应用突破了传统行业的边界，跨界整合是未来的发展趋势。颠覆在转瞬之间，传统行业面临巨大的生存危机和冲击,但同时给企业转型升级带来了新的发展机遇。

20世纪90年代,几乎在每个城市中心的繁华地段都会有"新华书店"的醒目标记,那里的人们络绎不绝,宽敞的门店里挤满了男女老少,一片欣欣向荣的景象。但随着网上书店的兴起,很难再看到过去的景象。网络时代,人们可以通过电商平台用精准的关键词查找需要的图书,查看图书的读者评价。不仅如此,人们还可享受折扣优惠,网上下单后,2天左右就可以收到自己选择的图书。

在这种模式的冲击下,"新华书店"的传统销售和经营模式被彻底打败。如图1-4所示,在传统模式下,图书发行需要经历从出版社到分销商再到零售商的过程,显然每一个阶段都会产生成本,利润来源最终取决于用户的购买价格。在新的模式下,中间的层级逐步被电商平台取代,成本节约让利于用户,这种模式逐步得到用户的认可。

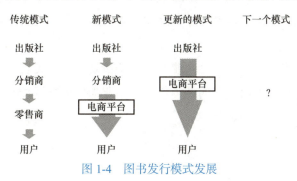

图1-4 图书发行模式发展

移动互联网改变了人们的阅读方式,捧书阅读的场景越来越少,取而代之的是网络阅读的无纸化、碎片化,人们可以随时随地打开手机阅读,越来越多的阅读类App走进人们的生活。

当前,原创文学也在寻求线上和线下的整合,一些原创文学网站正在从单纯的内容发布平台和内容提供商的角色,向兼具版权生产和版权营销的角色转换。2015年,腾讯收购盛大文学,将之与腾讯文学合并,成立阅文集团,打造一个以文学为核心,整合影视、版权、无线等多方资源的产业链,向无线、线下出版、影视游戏、周边产品等领域进行衍生和扩张,充分挖掘中国原创文学的创意效能。

时代在变化,技术进步推动社会变革,转变了大众的思维模式和习惯,今天人们习惯于通过智能手机上网浏览新闻,购买商品,互动点评。在这样的背景下,如果企业不做出改变,将很难赢得市场,最终将被市场淘汰。当然,社会进步也会带来新的需求和需要解决的新问题,这时候新的技术又将出现,这是一个不断迭代的过程。

1.2.2 乔布斯的"遗产"

臧克家说:"有的人活着,可他已经死了;而有的人虽然死了,可他还活着。"乔布斯就属于后者。我们一起来看看苹果的发展历程,就会明白乔布斯的伟大之处。

企业信息化管理与创新

1999年，苹果以卖电脑起家，苹果电脑做工确实精细，但价格也不菲，主要针对高端用户。在这个技术层出不穷的年代，任何一个创新的技术很快就可能被复制，甚至被超越。那时，人们对苹果并不了解，苹果也没有火起来。

2001年，MP3开始流行，苹果推出了一款精致的播放器iPod，但也没有火起来。直到2003年，苹果开发了iTunes平台。在那个时候，苹果开始了尝试性的转型，苹果在iPod中为音乐供应商提供了为用户服务的iTunes平台，用户可以很方便地通过iTunes平台下载到自己喜欢的歌曲，苹果可以从中赚取服务费，iTunes平台的使用反过来又促进了iPod的销售。

2005年苹果沿用了这种模式，推出了iPhone智能手机，苹果不仅卖硬件，还绑定了iOS操作系统和App Store应用商场，苹果真正实现了以客户为中心、从卖产品到提供服务的转型。直到现在，苹果重复着这样的商业模式不断创新，这也许就是乔布斯给苹果留下的最好"遗产"吧！

作为企业的管理者，要不断思考企业的核心价值是什么，我们要打造什么样的企业文化。而这些恰恰就是企业可以延续的精神食粮。企业为什么能经久不衰，其核心是有一个能引领企业永续前进的价值和文化。

1.2.3 "Nike+"

你可能永远不会想到，一只鞋能跟互联网拉上什么关系。随着人们对健康的追求，跑步成为日常生活的一部分，耐克从2006年就开始打造"Nike+"平台，通过在跑步鞋里嵌入拇指大小的芯片，来获取用户的跑步数据，包括时间、距离和能量消耗等在内的各项运动数据，并实时在线传入"Nike+"平台，在朋友圈进行分享交流。

在新的模式下，"Nike+"平台成为获取服务需求的入口，通过社群关系及时发布和反馈需求，通过用户的电子口碑实现与客户共创价值。内部生产系统与"Nike+"平台对接，满足个性化需求，从共创设计到大规模定制，再到柔性生产的全流程管理。销售环节通过"Nike+"平台实现从用户电子口碑分享交流到价值获取的服务传递。

"Nike+"平台延伸出运动社交网络，给人们塑造了一个全新的商业环境，耐克的商业模式也正随着这个平台的延展发生着变化，技术的进步推动耐克不断涌现新的商业模式。

1.2.4 跨入"区块链"时代

互联网解决了信息传递的效率，但解决不了信息传递的真假，难以保证传递的信息是真实的且不会被篡改，由此区块链技术应运而生。区块链的本质是一种资源分配机制，由分布式账本、智能合约、非对称加密和共识机制等核心机制组成。分布式账本实现去中心化和信任机制，智能合约实现规则和条款的自动执行，非对称加密技术保证隐私与安全，共识机制保障信息不可伪造，如图1-5所示。

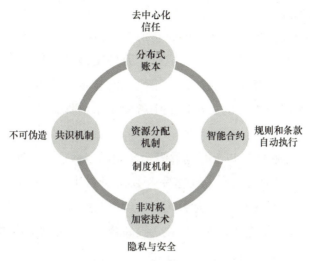

图1-5 区块链的核心体系

打个比方：一个村里的账本过去由会计记账（中心化），在没有完备的制度约束和监管规则下，会计可能因为私利而帮助某个村民篡改账本，或者自己调整记账规则，容易滋生权力腐败。现在大家形成共识全民记账，每个人都有一个账本，每一笔交易都会在各个账本上自动产生记录，交易信息只有相关者能够看到。这样，如果某个人要修改交易金额，就要征得大家的同意，随着记账人数的增加，要得到全体村民的同意，这几乎是不可能的，信任就自然而然地得到了保障，而不是通过制度或道德来约束。这就是区块链分布式账本核心思想，它是区块链系统架构的物理基础。

按照开放程度，区块链可以分为公有链、联盟链和私有链。

1）公有链的开放程度最高，去中心化最强。比特币是在公有链技术上的数字币激励机制。因此，区块链是比特币的底层技术架构，并不等同于虚拟货币，目前市场上打着区块链的名义进行虚拟货币的炒作，实际上是一种营销欺骗行为。在公有链中，数据的存储、维护都不再依赖中心服务器，而是依赖每一个网络节点，这就意味着公有链上的数据是由全球互联网成千上万的网络节点共同记录维护，没有人能够擅自篡改。

2）联盟链是在公有链的基础上进行"改良"，使其能够应用到实际生活中。联盟链是公司之间、组织之间达成联盟的模式，维护链上数据的可靠性。比如，A、B、C三家公司组成联盟链，那么这条链上的数据只对这三家公司运维人员开放，由他们共同维护，解决了公司之间数据传递的信任问题。下面来看两个联盟链的例子——微众银行和马士基的联盟链应用。

微众银行是由腾讯、百业源、立业集团等知名企业共同发起成立的一家银行。2014年，经过中国银监会⊖的批准正式开业，微众银行也成为我国首家互联网民营银行。该公司的注册资本为30亿元，其中腾讯占有30%的股份，成为微众银行最大的股东。微众银行推出了具有代表性的产品——微粒贷。微众银行没有物理网点，通过与其他银行联合放贷的形式来经营业务。如何将微粒贷前台的业务实时反馈，并和银行系统之间协调统一，对账是重要的环节，但每天成千上万条交易数据靠人工核对是不可能实现的。微众银行和其他银行基于区块链建立了统一的账本，微众银行提供标准的操作视图，使业务人员从对账等繁重的工作任务中解脱出来，保证贷款结算的安全、及时和高效。

目前世界货物贸易中90%以上是通过海运实现的，运输、管理、追踪数以亿计的航运集装箱是一项极其费力的工作。马士基联合IBM开发了一个基于区块链的全球航运贸易数字化平台，这个平台上线后，货运公司、货运代理商、海运承运商、港口和海关都从中受益，实现了端到端的供应链全程数字化，提高合作伙伴之间的透明度，减少欺诈和因为信任证明所消耗的成本。

3）私有链是一种不对外开放、只有授权的节点才可以参与并查看数据的私有区块链。采用私有链的主要是大型金融机构、大型企业、政府部门等。例如，央行开发的用于发行数字人民币的区块链，这个链只能由央行来记账，个人是无法参与记账的。另外，大型公司针对供应链等行业痛点形成具体的解决方案，也需要建立私有链。

需要说明的是，联盟链和私有链主要将区块链作为一种安全信任的数据库来使用，它并不需要利用"币"作为节点维护数据的奖励。

1.3 信息技术的实践展现

1.3.1 移动互联网重新布局社会生态

随着智能手机的普及，移动互联网逐步成为流量的主要入口，在明确了"客户是谁"和"客户在哪里"的问题基础上，实现了对服务生态圈的重构。各行业巨头也充分发挥其流量优势，延伸布局相关产业，逐步构建形成整个服务领域的生态体系。

今天的用户已经不再仅因为需求而消费，而是还因为兴趣而消费。市面上流行一种带内置摄像头的直播烤箱，如图1-6所示，使用者可以通过App全程观看烘焙过程。真正打动用户的并不是烤出来的点心和面包有多好吃，而是这种观察生活的新方式。消费者不再是品牌的接收方，他们更愿意根据自己的兴趣去塑造或寻找一些新品牌，成为产品的共创者和销售的预言家。

⊖ 2018年，银监会和保监会合并为银保监会；2023年，在银保监会的基础上组建国家金融监督管理总局，不再保留银保监会。

图1-6 直播烤箱

1.3.2 移动的智能终端

特斯拉（Tesla）是一家美国电动车及能源公司，产销电动车、太阳能板及储能设备。特斯拉电动汽车家喻户晓，特斯拉电动汽车为什么如此受欢迎，它已经不仅仅是一辆电动汽车，更是一辆可移动的智能终端，带有四个轮子的iPad。

传统的燃油车，车身功能由"一个机械零件＋一个配套芯片＋一个专门软件"来执行，三者构成独立闭环，每增加一个功能，就会增加一个由独立的芯片和软件构成的子系统，功能很全，但协调困难。特斯拉将绝大多数的硬件都置于统一的软件之下远程升级，就能够直接改写运行在硬件上的软件，从而改变硬件的功能。

美团创始人兼首席执行官王兴称："据说一辆宝马X5里的软件代码有3亿行，一辆特斯拉只要1000万行，真是令人绝望的差距。很类似2008年时塞班和iOS的代码行数差别。"

汽车本质上从机械产品变成了数码产品，数码产品的历史进程，必定会在电动汽车产业里重演。特斯拉已经不是一款传统意义的汽车，而是一款互联网思维的汽车，在它的很多设计上，都体现着互联网设计思维，如特斯拉的大屏幕能够像智能手机一样，通过触摸式实现所有控制功能。

1.3.3 服务重构

科技发展日新月异，正在迅速改变每一个传统行业的生存状态。银行卡的普及，让存折逐渐成为历史的记忆。而现在，银行卡也到了说再见的时候。招商银行宣布，客户在招商银行全国任何网点办理业务，均不必携带银行卡。这意味着，招商银行成为中国首家实现网点"全面无卡化"的银行。

从银行卡转向掌上App，重新定义银行边界，App成为银行与客户互动的主阵地。招商银行率先提出网点"全面无卡化"。早在2019年，有数据显示"招商银行"和"掌上生活"两大 App 累计用户 1.48 亿，月活跃用户数达 8100 万，招商银行两大 App 分别有 27% 和 44% 的流量来自非金融服务（自建场景和外拓场景），如地铁、公交、停车场等便民出行类场景等。

布莱特·金（Brett King）在《银行 4.0》一书中指出，未来银行服务将无处不在，但恰恰不在银行里。

1.3.4 未来商店

商店没有收银台，顾客不用扫描商品，也不用掏钱包，就可把商品拿走。记者感受了在未来商店购物的魅力。

进入"未来商店"前，记者办理了一张"电子消费卡"。此卡与众不同，方形，上有一环，像钥匙串。走进商店，把卡往门上一刷，门框上的扬声器就发出"×××，欢迎光临"的问候。

在这个只有 10 多平方米的"未来商店"里，摆放着各种商品。记者买了两盒面巾纸、一盒方便面，推着购物车走向出口处的铁门。一过铁门，记者就收到一张收银条，上面列着商品的数量和价格，而钱已在电子钱包里被扣除。

这就是无线射频识别技术（RFID）在购物中的应用。商品中嵌入微型射频芯片，商店门口收银处的天线可及时采集芯片上的信息。那张"电子消费卡"，除了有验明身份的功能外，还能充当"电子钱包"。在选购商品的过程中，当货架上拿走一个商品时，商品上的射频芯片就传出信息，旁边的计算机显示屏会自动显示商品的状态；等货物减少到一定数量时，计算机会自动生成订单，向供货商发出补货指令；当消费者推着一车货物走到超市指定的两个小铁门区域中间时，收款台上的计算机自动将商品数量、价格等一一算清，几秒钟内就能算出钱款，在电子钱包中扣除，并打出准确的收银票据。

这个"未来商店"由上海电子标签与物联网产学研联盟推出，参与单位为从事无线射频识别技术与物联网标准及产品研发、制造、服务的企事业单位。这看似简单的一项变革，却融合了芯片、软件、标准多重创新应用。这种未来商店将大大改变人们的购物方式。

你或许会问，为什么"未来商店"还没有普及开来呢？显然，企业转型不仅要考虑技术，还有很多现实问题需要思考和解决，比如：我们使用这些技术的目的是什么，是提高效率还是降低成本；我们所需要的技术有哪些，包括硬件、软件和人才；我们有什么基础，还缺少什么；这项投资要花多少钱；这能达到什么效果；这项投资有哪些风险，针对这些风险有什么样的应对措施。只有把上述问题思考清楚了，然后再去做，才能"运筹帷幄，决胜千里"。除了要考虑企业内部环境，还要考虑宏观外部环境，比如在诚信体系并不健全的情况下，这样的商店在某些地方可能开一个月就会因为货物被盗而关闭。

1.4 对信息技术的认识

1.4.1 利丰贸易

利丰集团是一家以中国香港为基地的大型跨国商贸集团，经营出口贸易、经销批发和零售三大业务，本部分主要关注利丰有限公司（以下简称利丰贸易）的出口贸易业务模式及其信息系统的应用。

利丰贸易的业务角色经历了从简单的采购代理到全球性的供应链管理者的转变。在此过程中，利丰贸易为客户提供的增值服务日益增加，其创造的附加值也不断增长。

第一阶段：采购代理

利丰贸易刚成立的时候，它只是充当客户和供应商之间的交易中介人角色——由于其员工懂英文，利丰贸易成为客户与供应商之间沟通的桥梁。之后，利丰贸易逐渐利用简单的采购代理扩展业务。

第二阶段：采购公司

该阶段，利丰贸易扮演一家采购公司即地区性的货源代理商的角色，通过在亚洲的不同地区，如中国、韩国和新加坡开设办事处来拓展业务。利丰贸易承诺为客户采购优质的产品，并为客户选择合适的供应商。利丰贸易希望与供应商达成长期和双赢的合作关系。

在选择一个新的供应商之前，利丰贸易会对工厂进行实地考察与评估，包括检测供应商的生产设施，查看其是否承担社会责任和是否遵循当地劳工法规等。利丰贸易还会与供应商的管理层和部分工人交谈，并查阅供应商的员工薪酬记录和工作合同等文件。当发现供应商存在违背社会责任的情况时，利丰贸易会与供应商讨论纠正的措施。利丰贸易在进行考察评估之前，会寄给供应商一份工厂检查列表，让工厂了解检查的内容。它还会寄去一份工厂资料问卷让供应商事先填写并寄回，这样做的主要目的是了解供应商的质量监控系统、管理能力、遵守当地法规尤其是劳工法规的情况、工人的薪酬水平和工作时间、厂房的安全措施和环境保护等事项。同时，利丰贸易还会寄给供应商一份工厂自我评估表格，让供应商先进行自我评估。

利丰贸易的优势除了体现在对各个地区供应商的了解以外，还体现在对纺织品和配额等事项的了解上。例如，利丰贸易知道亚太主要地区纺织品的库存已经用完，需要从哪些地区购买此产品。又如，在制造一款毛绒玩具时，利丰贸易知道哪个国家的布料品质较优且价格便宜，哪个国家的棉花质量好且价格低。

第三阶段：无边界生产

该阶段，利丰贸易从采购公司向前迈进了一步，成为无边界生产的计划管理者与实施者。客户向利丰贸易提供一个初步的产品概念，如产品的外形、颜色和质量方面的要求等，利丰贸易为客户制订一个完整的生产计划。根据客户提出的草案，利丰贸易会进行市场调查，采购合适的布料及配件，并根据产品构思制造样品。在客户对样品做出肯定答复后，利丰贸易会为下个季节的产品提出一个完整的生产计划。同时，利丰贸易会对工厂的生产进行规划和控制，以确保质量和及时交付。

在无边界的生产模式下，利丰贸易在中国香港从事如设计和质量控制等高附加值的业务，而把附加值较低的业务分配到其他地方进行生产，使产品实现真正的全球化。正如利丰集团主席冯国经所说："利丰贸易并不寻求哪个国家（地区）可以生产最好的产品，相反，利丰贸易对价值链（生产过程）进行分解，然后对每一步进行优化，并在全球范围内进行生产。"以生产一个毛绒玩具为例，利丰贸易综合价格和质量等各方面因素，从韩国购买毛绒玩具的外层布料，从中国内地购买毛绒玩具的填塞料。在所有的生产原材料采购完毕后，整个毛绒玩具的制造在劳动力成本比较低的青岛进行。利丰贸易进行最优化的配置，在不同地区采购和生产。这种业务模式实际上是一种价值增值的新方式。

第四阶段：虚拟生产模式

在推行无边界生产的计划与管理的基础上，利丰贸易业务又向前迈进了一步，发展出虚拟生产模式。在虚拟生产模式中，利丰贸易直接充当客户供应商的角色，直接与客户签订采购合同。在采购代理的业务中，利丰贸易是以一个中介人的角色代表境外买家与供应商接触，并管理采购和生产业务。而在虚拟生产模式下，利丰贸易是客户直接的供应商，直接和境外买家签订合同，以供应买家需要的产品。利丰贸易依旧没有工厂，生产任务以外包的形式交给工厂进行，它负责统筹并密切参与整个生产流程，从事一切从产品设计、采购、生产管理与控制、物流与航运到其他支持性的工作。

第五阶段：整体供应链管理

虚拟生产企业实际上已经是某个产品全面的供应链管理者。在虚拟生产模式的基础上，为了使整条供应链的运作更加合理与顺畅，利丰贸易继续开发更全面的供应链服务。除了负责一系列以产品为中心的工作，包括市场调查、产品设计与开发、原材料采购、选择供应商和生产监控以外，利丰贸易还兼管一系列进出口清关手续和当地物流安排，包括办理进出口文件、办理清关手续、安排出口运输和当地运输等。另外，利丰贸易对有潜力的原材料供应商、工厂、批发商/进口商和零售商等在供应商中占据关键地位的企业进行融资，使供应链上供求双方的各个节点企业能够以最佳状态运作。在整体供应链的规划上，利丰贸易会对整条供应链进行分解，对每个环节进行分析与计划，力求不断优化供应链的运作。简单归纳，利丰贸易供应链管理的内容主要是为境外买家采购合适的产品并缩短交付周期。利丰贸易供应链的原动力来自客户的订单，根据客户的需求，利丰贸易为每一份订单都创造一条最有效益的供应链，为客户提供具有成本竞争力的产品。

如图1-7所示，利丰贸易获得了来自欧洲一个零售商的1万件衣服的订单。可能的做法是：利丰贸易从韩国买纱线并运往中国台湾地区进行纺织和染色；同时，由于日本的拉链和纽扣相对较好,而大部分是在中国大陆生产的,因此,利丰贸易会到YKK(日本的一家大型拉链厂商)在中国大陆的工厂订购拉链和纽扣;之后再把布、拉链和纽扣等运到泰国进行生产。考虑到配额和劳动力的问题,利丰贸易认为,在泰国生产是最好的。由于客户要求迅速交货,因此利丰贸易会使用泰国的5家工厂同时进行生产。这样,利丰贸易便能有效地为客户量身定制一条价值链,尽可能满足客户的需要。在收到订单的5个星期后,1万件衣服就放在欧洲客户的货架上,它们看起来像是从同一家工厂生产出来的(例如,它们的颜色完全相同)。可以想象,这一过程中的物流及各工序的协作是多么的完善!

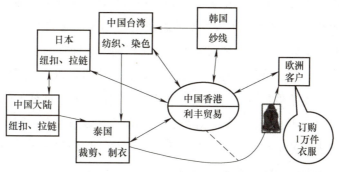

图1-7 利丰贸易交付订单的过程

利丰贸易的信息技术系统一直是维系公司环球业务营运的重要构成部分。公司从两方面着手,即内部的信息技术,如内联网(Intranet),以提高营运效率;而外部的信息技术,如外联网(Extranet)和电子商务软件,则可促进与供应链伙伴间的协作和信息传递。通过运用外联网和信息软件,不同工厂可与利丰贸易交换产品的设计和生产规划;原材料供应商及运输公司也可就新产品的研发和物流策略与利丰贸易进行交流。

利丰贸易的盈利模式是什么?有什么经济学理论支撑?从信息技术利用看,利丰贸易利用信息技术努力把自己打造成整个供应链中的资源整合者,紧紧把握住供应链的上游和下游,而将中间段环节外包,从而能够把握供应链中的高附加值环节,践行经济学中的微笑曲线理论。从价值链的创造看,可以把企业看作一个价值创造、价值传递、价值支持和价值获取的系统,利丰贸易利用信息技术打造了适合自身发展的可持续盈利模式。

1.4.2 售后服务数字化

当设备出现故障时,顾客通过电话、传真或信件通知该公司的服务中心;服务中心工作人员登记顾客的反馈信息,交给负责人处理;负责人查阅顾客的档案,分析能否解决问题,并指定责任人——维修工程师;维修工程师分析故障,维修准备,奔赴现场;维修工程师诊断故障,排除故障,如有问题,则通过传真、电话向公司总部技术人员咨询,完成维修;维修工程师向有关管理人员汇报维修情况,工作人员登记处理结果;工作人员回访客户。售后原有流程如图1-8所示。

企业信息化管理与创新

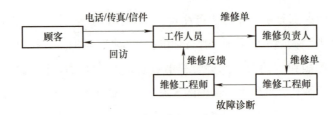

图 1-8　售后原有流程

面对以上流程，作为企业管理者，必须要考虑以下问题：如何提升维修工程师的水平？维修工程师离职了怎么办？是不是每次都要奔赴现场？维修工程师的知识是否是企业知识？诸如此类问题还有很多，那么该如何解决上述问题，显然上述流程带来了这些问题，流程优化和改造就成了当前的现实需求，也是目前公司面临的主要问题。

在传统流程中，一旦维修工程师离职了，企业就需要招聘新员工，培训再上岗，成本必然增加。另外，机器故障具有一定的重复性或者共同性，对于同样的问题，如果电话能够解决，维修工程师就不必奔赴现场，显然传统流程存在效率低下的问题。传统流程最大的问题是，维修工程师的个人知识在企业中得不到共享。如何将员工的个人知识转化为企业知识，这是很多企业亟须解决的现实问题。

因此，需要对现有流程进行改造，建立故障案例库，如图 1-9 所示。这样维修工程师的每一次维修经历都存在于案例库中。案例库经过不断研讨，不但可以提升维修的服务水平，还可以形成故障诊断专家系统，降低成本。将故障维修业务数字化，将员工个人经验转化成企业经验（知识），共享信息、知识和经验，提高服务水平。在此流程改造过程中，也许会遇到重重阻力，特别是可能受到来自维修工程师的抵制压力，这就是企业目标和个人利益的冲突。企业信息技术上线的过程，不仅是技术上线的问题，还有很多问题需要协调解决，比如组织架构、已成习惯的工作方式、岗位设置、绩效改革等。

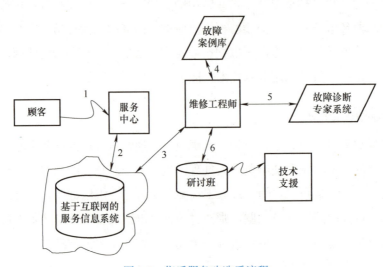

图 1-9　售后服务改造后流程

1.5 信息技术扮演的角色

1.5.1 企业信息化——信息化驱动的企业创新

信息系统（IS）是企业面对挑战时基于信息技术（IT）的组织和管理的解决方案[注]，技术包括硬件和软件，这些本身是中性的，没有好坏之分，基于技术开发出相应的功能，并在企业中开展应用，创新产品与服务或创新业务流程，最终改变了企业经营模式、运作模式和管控模式，如图1-10所示。因此，企业信息化的过程实际上是信息化驱动企业创新的过程。

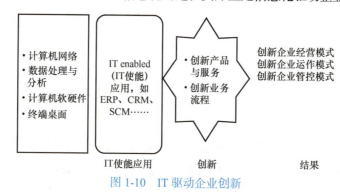

图1-10 IT驱动企业创新

有效地使用IS，需要理解组织、管理和形成系统的信息技术之间的关系。面对新的挑战，IS可以为公司创造价值，关键在于使用它的组织和人。

从组织维度看，企业由三个主要层次组成：高层管理、中层管理和业务管理。IS服务于各层，IS是组织的一部分。

从管理维度看，管理者的工作在于对企业所面临的许多情况进行感知，并做出决策。因此，管理者应该关注环境的挑战，设立应对这些挑战的组织机构，分配人力和财力资源，以协调工作并达到企业目标。管理者必须创造性地采取行动（创造新产品和新服务，甚至还要不断地再创造他们的组织），因此，管理者的职责是不断颠覆传统的工作模式，创新IS驱动下的新组织、新方式和新模式。IS在组织创新、组织再造过程中起到强有力的作用。

从技术维度看，IS是管理者应对环境变化的众多工具之一。包括计算机硬件和软件技术、数据管理技术、网络和通信技术，所有这些技术及其运行和管理人员，涉及组织共享的资源，组成了企业的信息技术基础设施。它提供了一个基础和平台，企业可以在此基础上建立自己独特的运营模式和核心竞争优势。

1.5.2 企业管理者需要知道什么

作为企业管理者，首先需要了解IS的基本理论和概念，以及企业管理和IS之间的

注　从严格意义上讲，IT包含的范围更广，IS偏向于软件应用的IT，但实际上IS和IT相互交织，本书并没有严格区分。

关系，在此基础上了解 IS 的信息技术演变、趋势和架构，然后才能开展不同层次的 IS 应用，在应用过程中注意通过 IS 来解决企业管理中的问题，从而促进企业计划和管理的实施。企业管理者在信息技术层面知识架构如图 1-11 所示。

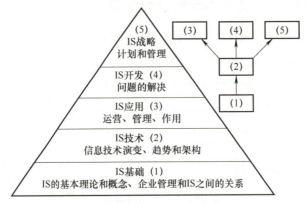

图 1-11 企业管理者在信息技术层面知识架构

信息时代的变革才刚刚开始，我们该如何准备自己？

首先，要有开放的头脑和心灵，接受变革到来的事实。我们要准备抛弃一些习惯的做法和观念，宽容地看待种种新尝试，有时我们会怀疑技术的有效性，而实际上是我们的思维没有跟上改变。

其次，要坚持独立思考。信息时代资讯繁杂多变，大家七嘴八舌，很容易让人没了主意。要独立思考，不能乱跟潮流，各个企业有自身的发展特点和企业文化，要根据自己的问题和特点确定信息化战略和措施。

最后，要练应变能力。信息技术更新快，我们现在赖以生存的技能几年后也许就遭淘汰了。要避免淘汰就必须不断地更新知识技能，尤其要争取在淘汰来临前更新。信息时代，不进则退，传统的工作方式和思维模式在互联网的冲击下，已经变得不堪一击。

1.6 案例思考：传统影像"巨人"倒在数码时代

1997 年处于巅峰时期的柯达，无论如何也不会料到 24 年后其股票市值缩水为当时最高值（310 亿美元）的 1%。2012 年 1 月 19 日，柯达正式向法院提交了破产保护。虽然破产保护并不意味着柯达从此丧失重生的希望，但是曾经的摄影业"龙头老大"走到如今没落的境地，绝非偶然。率先发明数码相机的柯达，被数码时代遗弃；首度研发出手机触摸屏技术的诺基亚，同样也沦落在触摸屏时代。柯达、诺基亚等这些曾经被誉为全球企业界明星的行业龙头瞬间风光不再，这背后的原因值得当代所有光环下的那些明星企业家们深省。

1883 年，柯达创始人乔治·伊士曼发明了胶卷，1888 年，第一部柯达照相机面市，伊士曼让摄影"像使用铅笔一样方便"的梦想走入现实，大众摄影时代由柯达开启。

第1章 企业面临的挑战及信息技术扮演的角色

在此后相当长的时间里，"柯达"几乎就是摄影的代名词。1976年，柯达在美国胶片和相机的市场占有率分别达到90%和85%。直到20世纪末，柯达仍然位居全球最有价值的五个品牌之列。

柯达的崛起无疑源自创新，有人说，柯达就是那个年代的"谷歌"。在柯达之前，摄影无论是设备还是技术，都与普通人无关，是柯达将摄影普及化，让更多人拿起了相机，玩起了摄影，也让更多普通人的生活瞬间可以永久留存。柯达的年收入在1996年达到创纪录的160亿美元，1999年，公司利润也达到了巅峰——25亿美元，之后，柯达开始走上了"下坡路"。2011年，柯达年收入骤减至62亿美元，公司股票还被《财富》杂志评选为"美国500强十大烂股"的第3名。柯达股票的表现也可谓"实至名归"，2010年，该股暴跌近九成。

柯达的倒下并非"一日之寒"。早前，在还未申请破产保护时，柯达就不得不"叫卖"自己的1000多项专利，以换取现金流来保证公司运转。一家靠技术创新赢得领先的企业，最终落得要卖技术专利自救，这里面写满了多少无奈。更讽刺的是，如今将"巨人"重重击倒的数码技术，还是柯达最先开发的。1975年，依托其尖端传统影像技术，柯达开发出了世界首款数码相机，但这项划时代的技术革新并未给它带来利润增长，柯达也不会想到，自己会在数码大潮中一败涂地。

既然发明了数码相机，既然拥有多项数码摄影的主要专利，柯达应该比别人更清楚数码技术对于传统胶片产业的威胁。《经济学人》杂志的相关报道披露，1979年，时任柯达高管的拉里·马特森撰写过一份非常具有前瞻意义的报告，报告详细描述了摄影市场将如何从胶片时代永久地转变为数码时代，首先是政府勘测机构，随后是专业摄影领域，最后则是主流市场。报告预测，到2010年数码技术将全面普及，这与现实情况的"误差"只不过几年。显然，数码技术带来的冲击完全在柯达的"意料之中"，但为什么"先知先觉"的柯达没能跟上变化的脚步呢？

柯达也曾努力转型，应对变化的市场，但在求变的过程中，柯达却一直带着传统业务的"镣铐"跳舞。曾在1993年至1999年担任柯达CEO（首席执行官）的乔治·费舍尔当时决定，公司的专长在于成像，而非化学。在他的领导下，柯达发展了数码相机业务，并为用户提供了在线发布和分享照片的功能。回过头来看，再往前走几步，这项业务完全可以发展成为一个Facebook，但柯达却错失良机，它仍然寄望消费者购买更多胶卷，因为这是柯达利润最丰厚的部分，它甚至出售了廉价相机业务，虽然与此同时，柯达打造了一项庞大的数码相机业务，但这只风光了几年，就被拍照手机"抢了风头"。2000年后，柯达则一直试图收购现成企业，而没有投入太多时间和资金自主开发技术，而且未能实现足够的多元化。2005年，柯达又更换了新的领导者，战略随之再一次调整，新任CEO彭安东将公司的业务重点转向数字打印领域……

企业信息化管理与创新

无论柯达怎样决心转型,它都无法拒绝胶片,正因为对数码技术有着清醒的认识,它更知道数码摄影本身无法带来太大的利润——投1美元在胶片上能产生70美分的利润,而投到数码影像上则最多产生5美分利润。天平的一头翘得老高,柯达显然希望变化来得更慢一些,于是,在它放慢推动数字转型的时候,自己也落下了。如今看来,只能说,柯达错过了这个时代。它执着地热爱着胶片,从未真正"跨越鸿沟",无法在新兴的数码浪潮中站立潮头。

申请破产保护后,芝加哥大学教授和破产事务专家哈莱什·萨普拉为柯达开出的"药方"是:柯达只有更加精简、更加集中,才能够生存下来。柯达应当返璞归真,回到基础业务层面上,并聚焦于一个或两个能够自我维持的经营品种。

畅销书《创新者的窘境》的作者克莱顿·克里斯坦森形容柯达更像是"看着海啸来袭却束手无策","我从没见过有哪家公司面临如此大的障碍。新技术带来了彻底的变革,所以根本无法使用旧技术来应对挑战"。柯达犯的错误就是始终从公司在化学、光学和胶片领域的优势角度出发,去看待整个行业的变动。他们试图用自己熟悉的本领来解答未知的难题,但事实上,他们应该更彻底地"抛弃自己",像小学生那样去探索新生事物。

柯达在胶片之外最大胆的尝试发生在20世纪70年代末,不过,这仍基于其在有机化学和光学方面的优势。当时,柯达瞄准了静电复印,开发了大批优秀的高端产品,这对复印行业的领军企业施乐构成了不小的威胁。但这并没有实质性地改变柯达在主业上面临的两难。有些时候,创新确实无须大费周章,只要小小的改变,但不幸的是,柯达面对的是"数字鸿沟"两岸的"天壤之别"。

利益使然,柯达核心业务部门没有能力也不愿意进行大刀阔斧的变革。这其实在几乎所有大型企业内部都存在,它们的创新永远在纠结中平衡。说白了,新业务尽管有"未来",但在眼下无法产生足够的收入,要使报表好看,还得依赖当红的业务。这就是典型的"大企业革新病",船大难调头,新业务增长缓慢,还会破坏原本的利润来源,在犹豫和迟疑中,技术已改朝换代,市场格局也偷天换日。因此,美国多布林咨询公司集团总经理拉里·基利这样告诫:创新与某个具体的产品、设备,或者某一项技术无关。我们必须谨慎思考创新的真正含义,创新的重要性远超出大多数人的想象。

曾经担任柯达顾问的哈佛商学院教授罗萨博·莫斯·坎特总结导致柯达反应过慢的另外一个原因是,高管执意追求完美产品,而没有遵循科技行业"边推出、边改进"的模式。此外,在一个城市里一家独大也蒙住了柯达的眼睛,坎特称,柯达的老板们很少会在总部所在地罗彻斯特听到太多批评。

中国社会科学院世界经济与政治研究所研究员沈骥如表示,柯达申请破产保护敲响了三个警钟:任何一种成熟的技术,都有被一种全新的技术完全替代的可能;成功的企业要正确判断自己经营产品的技术发展方向和市场形势,对技术和市场前景做出正确的战略判断；需要做出战略调整时，要有壮士断腕的勇气。

也有业内人士把柯达的末路归结为商业模式的问题。IBM全球企业咨询服务部合伙人陈果认为，柯达的技术创新能力其实并不弱，它还是数码技术的先驱，但这并没有保证其商业上的成功。关键原因在于，柯达在商业模式架构上跟进不足，创新的内涵很多，包括商业模式、运营模式和技术创新等。美国《大西洋月刊》的文章也称，柯达滑入破产边缘，原因并不仅仅因为胶片的寿终正寝，也不是因为该公司故步自封。多年来，柯达一直在尝试改变，并推出了一些创新产品，但问题是它没能将新产品转变为可持续的商业模式。

更有意思的观点是：并不是数码时代要和柯达说再见，而是移动互联网推倒了柯达。随着人们由互联网时代迈入移动互联网时代，拍照的工具变成手机而不是相机，拍照的目的变成分享而不是冲印，于是，柯达不再被需要，移动互联网扮演着改写传统产业格局的角色。不管成像效果如何，不可否认的是，用手机快速拍下照片然后上网分享，已经成为年轻人社交生活的一部分。因此，不妨换个角度来看这个行业，拍照的需求永远存在，而且会越来越多样化，谁理解变化的需求并快速满足，谁就可能一鸣惊人。

问题：

（1）试从柯达的战略结构、人文结构以及社会价值等方面分析柯达失败的原因。

（2）百年老店，在新技术和新环境的冲击下，如何才能走出困境？

第 2 章 信息与信息系统

2.1 数据与信息

2.1.1 数据的表示和信息熵

人们每天看到的任何事物，可以用不同的符号来表示，就形成了不同形式的数据，如图 2-1 所示。信息是对数据的处理和加工，处理就需要知识，比如：π 只是一个符号，但将 π 和圆周率联系起来，π = 3.1415926，圆周率表示圆的周长除以直径。信息处理的目的是消除不确定性，让人理解，从而帮助人做出合理的决策。红绿灯是客观存在的数据，当人们开车经过路口时，红绿灯对驾驶人的决策产生影响，这时候数据就变成了信息。因此，可以认为信息是有用（有价值）的数据。数据是客观原始的，信息是数据的含义表达。

图 2-1 数据表示

信息的不确定性越大，理解它需要花费的时间和精力就越大，那么，如何衡量信息的不确定性？1948 年，美国工程师和数学家香农提出了信息熵（Entropy）理论。

一个离散随机变量 X，其概率分布函数为 $p(x)$，则 X 的熵定义为

$$H(X) = -\sum_{x} p(x) \log p(x) = \sum_{x} p(x) \log \frac{1}{p(x)}$$

通常 log 对数以 2 为底，H 代表了 X 的信息量。

$$0 \leqslant H(X) \leqslant \log n \ (n \text{ 代表变量 } X \text{ 分类的数目})$$

性质：

1）X 只取某个确定的值时，左边等号成立。

2）X 为均匀分布时，右边等号成立。

3）一个变量的不确定性越大，熵就越大。

例：一个六面的骰子，各面的点数分别为 1, 2, …, 6，令 X 表示抛出后朝上的点数。求下列分布下的熵。

分布 1 p1：$p(X=1) = p(X=2) = \cdots = p(X=6) = 1/6$

分布 2 p2：$p(X=1) = p(X=2) = 1/4, p(X=3) = p(X=4) = p(X=5) = p(X=6) = 1/8$

$H(p1) = 1/6 \times \log6 \times 6 = \log6 \approx 2.58$

$H(p2) = 2 \times 1/4 \times \log4 + 4 \times 1/8 \times \log8 = 2.5$

p1 比较 p2：分布 1 具有更大的熵（信息量），即具有更大的不确定性。

2.1.2 信息的层次

理解数据和信息之间的关系，可以用图 2-2 来解释。数据通过相应的处理变成有用的信息，在这个处理的过程中就需要一定的知识。数据、信息、知识、智慧是人们对事物不同层次的认识和理解，但它们之间又存在着一定的联系。

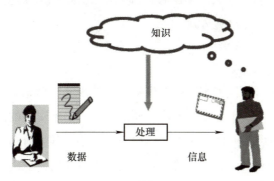

图 2-2　数据处理

数据（Data）：简单不争的事实，符号，信号。

信息（Information）：被传递的有意义的数据。

知识（Knowledge）：解决问题过程中形成的经验。知识是可以被反复使用的。

智慧（Wisdom）：获得知识和综合运用知识的能力，学习、洞察和判断能力的体现。

零售店经理收到周五晚上尿不湿销量最高，如果你是零售店经理，你会怎么做？

首先，需要知道如何获得和从哪里获得信息：在卖尿不湿的通道上记录与该情况相关的信息。

然后，分析信息：哪些人买？为什么在周五晚上购买？周五晚上下班的年轻爸爸被爱人叮嘱给小孩买尿不湿，而周末他们不忘看球赛，顺便买点啤酒，这样，既给小孩买了尿不湿，又可以一边看球赛一边喝啤酒，多么享受的事情啊！

最后，利用信息做出决策分析，还需要哪些互补品：在尿不湿旁摆放开盖有奖的国产啤酒和进口啤酒。利用信息做出正确的决策,这就是创新者智慧。

显然,内行、专家和创新者其实只是一步之遥,关键在于你是否有创新的想法,并由此做出正确的决策。

内行:"我意识到尿不湿销量在周五晚上上升,于是我们要确保在那段时间有足够的尿不湿库存。"

专家:"我了解尿不湿销量在周五晚上上升,我们要投入资金保持尿不湿的足够库存,并在那段时间进行促销,以提高年收益。"

创新者:"尿不湿的销售对象主要是下班回家的男性顾客,我们要保证尿不湿的足够库存,但更重要的是在尿不湿旁放置开盖有奖的啤酒,吸引顾客购买,以便带来更多的边际收益。"

一家小餐馆有个奇特的做法:经常光顾其餐馆的顾客,只要愿意,便可在客户登记簿上注册,开一个"户头"。顾客每次到这里用餐后,都如实在其"户头"上记下用餐款数。每年的9月30日,餐馆便按客户登记簿上的记载,算出每位顾客从上年9月30日以来,一年内在餐馆的消费总额。然后,拿出餐馆纯利的10%,算出每位顾客所得的利润比例,分发给顾客。这样,餐馆经常满员。

2.1.3 信息的价值

信息可以表述现实、取代现实、指引现实和创造现实。信息是声音、文字、图像客观数据的含义,其更多的是基于事实的表达。而这个表达是不对等的,对于一个客观存在的事实,每个人看到的可能不一样,所以表达出来的也不一样。有的片面,有的整体;有的错误,有的正确,有的对错交杂。因此,对现实的表达如何体现出信息表达的价值,需要从三个维度来衡量——内容、时间和形式,如图2-3所示。一个好的信息应该内容准确、时间及时和形式正确。

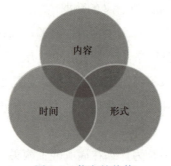

图2-3 信息的价值

但实际情况总是不尽如人意,甚至是错误的。为什么现实中会出现很多错误的个案,本质上是管理者缺乏信息素养。信息的发布与利用要体现信息的价值,否则可能给人们带

第 2 章　信息与信息系统

来误导。无论是政府部门，还是工商企业，或是个人，在收集信息、发布信息和传递信息的过程中，都要思考信息的价值，几个维度是否合适或准确，否则就可能出现信息失真、误导和错误，甚至闹出笑话，最终损失的是信誉。

2.1.4　信息利用的现在和未来

近年来，很多机构开发了刷脸功能，刷脸是基于人工智能、机器视觉、3D 传感、大数据等技术实现的新型人脸识别方式，具备更便捷、体验好等优势。刷脸的发展及普及，对于提升用户移动体验、改善商户经营效率、带动经济社会智能化发展具有重要价值。业内专家认为，刷脸的快速兴起不仅改变着人们的生活，更带动了相关移动产业链的腾飞，尤其是 5G、AI（人工智能）、IoT（物联网）等前沿黑科技的加速应用落地，中国刷脸支付产业正加速崛起，但同时关于刷脸安全与个人隐私的保护也亟须同步进行。

央视 2021 年 "3·15" 晚会报道，某品牌卫浴的个别门店装有人脸识别摄像头，在不知情的情况下，精准抓取消费者人脸信息。据介绍，此种摄像头对人脸的识别率特别高，不戴口罩的情况下识别率为 95%，戴口罩的情况下识别率能达到 80%～85%，能识别顾客的性别、年龄甚至心情。不过，报道称，现场并未有工作人员提醒消费者此处安装了人脸识别摄像头。

这引起了全社会关于大数据应用中的隐私安全与伦理道德的广泛讨论。人的生物学特征是个人隐私的最后一道防线，一旦泄露，与其绑定的所有个人账户安全将受到威胁。2021 年 6 月 10 日，第十三届全国人民代表大会常务委员会第二十九次会议通过了《中华人民共和国数据安全法》，该法自 2021 年 9 月 1 日起施行，国家开始从法律层面对数据泄露和数据滥用等问题进行立法治理。一方面，要利用好数据，享受数据带来的红利；另一方面，防止数据泄露与滥用，数据的安全管理同样重要。尽管如此，各种 App 程序强制收集个人信息，超范围使用，过度索取权限等现象依然突出。谁有权利采集个人信息？谁又有使用权？使用的边界在哪里？这些问题可能不仅涉及伦理道德，还涉及法律法规，这值得我们关注。

2.2　大数据

2.2.1　大数据的定义

麦肯锡研究院定义："大数据是其大小超出了常规数据库工具获取、存储、管理和分析能力的数据集。" 如图 2-4 所示，刘锋在《互联网进化论》一书中描述，数据来源于传统互联网、移动互联网以及物联网传感器等，存储这些多样化的数据需要云计算平台，在云端形成大数据集，对大数据进行挖掘和处理，核心价值在于发现规律，预测未来。

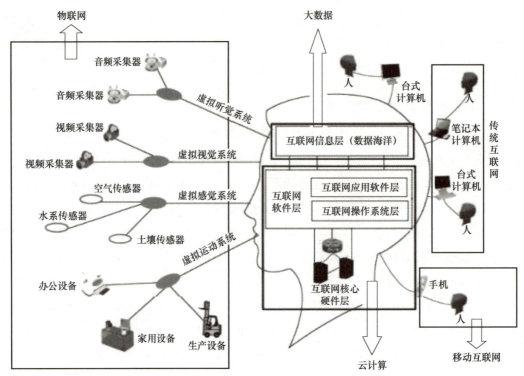

图 2-4　大数据形成示意

任何事情的发生，都会有蛛丝马迹的前兆表露出来，利用大数据技术，可以预测自然、天气的变化，预测个体未来的行为，甚至预测某些社会事件的发生。谷歌为什么能准确预测流感暴发？谷歌设计人员认为，人们输入的搜索关键词代表了他们的即时需要，反映出用户情况。为便于建立关联，设计人员编入"一揽子"流感关键词，包括温度计、流感症状、肌肉疼痛、胸闷等。只要用户输入这些关键词，系统就会展开跟踪分析，创建地区流感图表和流感地图。为验证"谷歌流感趋势"预警系统的正确性，谷歌多次把测试结果与美国疾病控制和预防中心的报告做比对，如图 2-5 所示，证实两者结论存在很大相关性。企业也可以基于数据预测，调整经营活动和生产计划，而当流感季节来临的时候，不至于手忙脚乱。

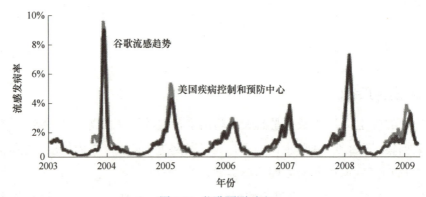

图 2-5　谷歌预测对比

2.2.2 大数据的商业价值

过去企业对消费者的了解主要通过问卷或访谈等形式,现在的企业要实时关注网络动态,直接连接网民的想法和需求。为了应对不断变化的消费者需求,企业急需成立相关部门进行产品创新、口碑营销和舆情应对,如网络研发部和网络公关部。数据思维已经贯穿消费者生命周期的各个阶段,利用数据分析消费者需求,进行时尚研发、精准预测、产品拓展、供应链整合、组织结构优化等。

1993年《纽约时报》刊登了一幅漫画,如图2-6所示,引起了强烈的社会反响。因为在那个年代互联网刚刚起步,人们的思维方式还没有跟着转变。社会学家担心,在互联网对面跟自己交流的对象不知道是谁。但现在我们不但知道对面是谁,还知道他的消费习惯,这就是大数据用户画像。

图 2-6 纽约时报漫画

2.2.3 大数据的关键技术

近年来,大数据在理论、技术和实践方面有着广泛的应用,如图2-7所示。

在理论方面,大数据价值、共享、安全、隐私等是热点话题,大数据的价值如何实现与衡量,如何共享,共享到什么程度,是否有安全保障,隐私如何保护,特别是网络暴力、平台垄断、大数据杀熟等问题不断呈现,越发显示理论研究的重要性;在技术方面,围绕大数据的采集、存储、挖掘和可视化等技术不断发展,不同类别层次的大数据处理公司如雨后春笋般涌现,很多地方成立了大数据产业园,为大数据创业孵化提供保障和条件;在实践方面,从互联网大数据到政务大数据、企业大数据,再到个人大数据,牵动着无数投资者。

企业信息化管理与创新

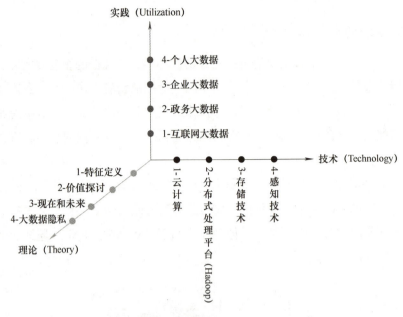

图 2-7　大数据的应用

2.2.4　科学研究范式与大数据处理流程

人类科学研究经历了四种范式,从第一范式对社会现象进行观察—抽象(经验科学),到第二范式提出假设—归纳—数学模型(理论科学),再到第三范式计算仿真—计算模型(计算科学),发展到现在的海量数据—统计建模(数据科学)。1946 年第一台计算机诞生,人类开始利用计算机对现实世界进行仿真建模,从规则建模(if…else)到统计建模(从数据中发现规律),人类认识逐渐向数据世界迈进。随着云计算、大数据、物联网、人工智能和区块链等 IT 的发展与应用,人类进入机器智能时代,大数据技术驱动人类社会生产方式的变革,已成为不可阻挡之"势"。

大数据处理流程即完成从数据源到数据价值体现的全过程,包括数据源、数据采集、数据清洗、数据建模和数据分析,见表 2-1。

表 2-1　大数据处理流程

数 据 源	数 据 采 集	数 据 清 洗	数 据 建 模	数 据 分 析
结构化数据	数据抓取	数据校验	预测	仪表盘
半结构化数据	系统导入	数据标准化	分类	自助分析
非结构化数据	数据传输	数据预处理	聚类	报表

在这个过程中,解决问题是关键,首先要明确大数据处理的目的,在此基础上寻求大数据处理的具体方案,通常需要思考这些问题:数据源从哪里来?需要什么样的技术来获取数据源?这些数据准确吗?什么模型比较合适?如何体现数据的价值?

第 2 章 信息与信息系统

2.3 信息系统

2.3.1 理解信息系统

信息系统是由人、信息技术（计算机硬件、计算机软件、网络）和信息（数据）构成，对组织内外信息进行输入、处理（加工）、输出、存储和控制，完成对信息的收集、传递和发布，以提高企业竞争力、提高效益和效率为目的，支持企业高层决策、中层控制、基层运作的集成化的人机系统。

无论管理者还是员工，每天工作就是对信息进行收集、传递、发布，当然不同的人利用信息系统的目的和层次是不一样的，高层利用信息系统的核心是在战略层面上提高企业竞争力；中层利用信息系统是为了做出正确的决策，进而提高效益；基层利用信息系统主要是为了提高工作效率。这里需要说明的是，信息系统是为了解决企业面临的管理问题，管理问题涉及社会、组织和人。涉及人，就不会有一成不变的解决方案，这与现实情景和环境等要素相关，因此不能把信息系统看成"万能良药"。这就是为什么同样的系统，在这家企业用得很成功，而在另一家企业用得就不成功。这不仅是技术本身的问题，还需要考虑其他环境和社会因素。

举个例子：20 世纪 50 年代，计算机刚刚起步，很少人能够想到用计算机来协助企业管理。美国航空公司将座位指标下发给各个代售点，各个代售点负责销售，这样一来每个航班只有等到航班起飞时才知道座位销售情况。美国航空公司很难把握中途信息，因此高层决定开发订票系统 SABRE。但在那个年代，计算机尚处于发展初期，软件开发效率也比较低，SABRE 开发用了 5 年时间，花了 5 亿美元。系统上线后，美国航空公司实时了解了航班订票情况，座位空余时可以搞促销，座位紧张时可以涨价。其他航空公司也跟着搞促销、涨价，但因为没有系统的支撑，有的运营不下去，被美国航空公司收购。有的航空公司想自己开发系统，但成本很高，自己开发不划算，便提出借用 SABRE。这样一来，美国航空公司不但掌握了自己的信息，还知道了别人的信息，"威力"就更加强大了。这时候，其他航空公司提出应该将 SABRE 独立为第三方，这样才公平。美国航空公司称，SABRE 独立出来可以，但各使用者要平摊当初的开发费用。最后，美国航空公司又把当初的开发成本赚回来了。

SABRE 充分体现了信息系统的战略价值，在那个年代，谁拥有系统，谁就具有行业领先地位，拥有话语权和制定规则的权利，这就是核心竞争优势。行业巨头往往要不遗余力地推出新产品、新技术，保持市场竞争优势，努力成为行业老大。

再看一个例子：总部位于拉斯维加斯的乐文娱乐公司，多年来一直坚持执行顾客刷卡消费积分奖励计划，顾客的每次交易行为都被企业信息系统记录在案。因此，企业信息库中储存了有关顾客本人以及其消费行为与偏好（博弈、餐饮、购物、住宿）的详细数据信息。企业决策层将之视为一座挖掘不尽的金矿。乐文娱乐公司的营销战略与服务项目设计实现了数据驱动，最大限度地满足了顾客需要，提升了顾客对企业品牌的忠诚度。

随着数据分析技术的进步，企业战略决策更多地建立在精确的数据分析基础之上。企业专有的信息库将成为企业核心资源，而这些都需要依赖信息系统才能实现它的价值。

2.3.2 信息系统结构

信息系统按纵向层次可分为业务处理、运营控制、管理控制、战略计划等，按横向职能可分为市场销售、生产、后勤、人事和财务会计等。图2-8描述了企业信息系统的职能/层次结构，企业系统可能是这个结构中的一个子集，也可能是全部。

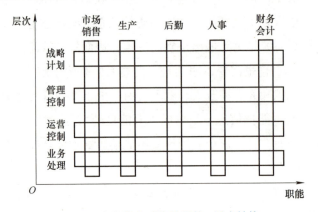

图 2-8　企业信息系统的职能/层次结构

图2-9描述了一个企业信息系统的职能结构，生产/运营是一个功能模块大类，在此功能下，包括CAE、CAM、机器控制、MRP、过程控制和机器人等，在这些子功能下，还可能包括子功能项。

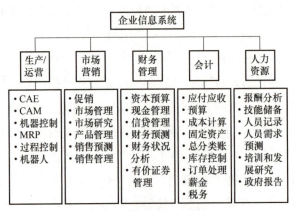

图 2-9　信息系统的职能结构

图2-10描述了一个市场销售信息系统的层次结构，总体上分为四个层次，业务处理系统、运营控制报告系统、战术及运营计划系统和战略计划系统。不同层次使用的功能和

服务的对象是不一样的,在一个实际的系统中,可以通过给不同层次的员工赋予不同的权限来实现可使用的功能项。

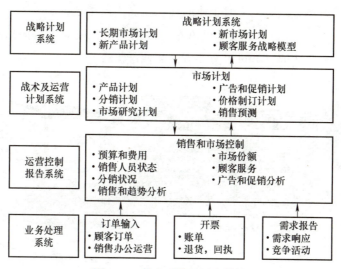

图 2-10　信息系统的层次结构

2.3.3　信息系统的体系架构

完善的信息系统应具有图 2-11 所示的体系架构。企业系统的架构实际上是多个系统的集成,但应基于统一的基础设施(网络)规划以及信息资源(数据)规划,这样企业的信息系统建设才具有可扩展性,否则,"信息孤岛"现象会导致很多重复建设和集成困难等问题。

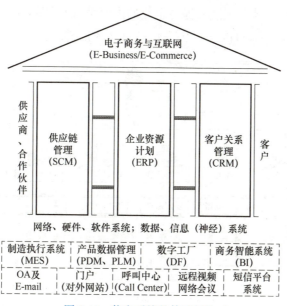

图 2-11　信息系统的体系架构

当企业具备了完善的系统，并保证血液（数据）能够在血管（系统）中顺畅地流通，就起到了管理驾驶舱的作用。分散式的经营和集中化的管理就成为可能，并且可以实时运营、实时分析、实时调整决策。实时企业的理念就真正落了地。

如图 2-12 所示，运营企业就像驾驶汽车，决策者可以实时了解内外部情况，实时做出调整，当前方遇到障碍时，就可以改变方向和速度。

图 2-12　管理驾驶舱

2.3.4　信息系统的困境

是不是应用了 IT/IS 就一定能够提高企业的内部绩效与外部竞争能力，达到目标呢？答案是否定的，在企业中常见图 2-13 所示的信息系统运营。

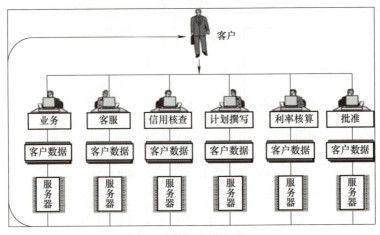

图 2-13　信息系统运营

第 2 章　信息与信息系统

表面看来，各个部门都有完善的系统，企业在各个部门投入了不少成本，理论上是能够很好地支撑企业运营的，但实际上效果并不是想象的那样，到底是为什么呢？理论上 IT 会给企业带来价值，但是许多企业对信息系统深感不满，这就是 IT 黑洞与 IT 生产率悖论。

一个企业的实际情景如下：

信息部经理："老板，你为什么不像重视市场和财务部门那样重视信息系统部门呢？"

老板："市场部门可以挣钱，财务部门可以控制成本。"

信息部经理："但是信息系统部门负责的是公司信息系统呀？！"

老板："记得上次电工班的人也这样说，我就把电工业务外包了。"

从这里可以看出，领导的不重视，或者对信息系统的认识不足，导致了信息系统的建设进入了很多误区。信息系统如果没有"一把手"的大力支持，往往很难实施。

以下观点可能是企业中管理者普遍存在的一些想法：把 IT/IS 看作与计算器一样的加快速度的工具；把 IT/IS 看作一般的生产设备，买来安装就可使用；把 IT/IS 看作 IT 工程师们的事；企业信息化等同于计算机网络。上述观点在很多企业信息化实践过程中都存在，这就是为什么同样的系统，在一些企业或部门应用有的成功，而有的却失败。

2.4　美的信息系统实践⊖

美的是一家全球运营的公司，业务与客户遍及全球。截至 2023 年，美的在全球拥有约 200 家子公司、35 个研发中心和 35 个主要生产基地，员工超过 16 万人，业务覆盖 200 多个国家和地区。其中，在海外设有 20 个研发中心和 18 个主要生产基地，遍布 10 多个国家，海外员工约 3 万人，结算货币达 22 种。同时，美的还是全球领先的机器人与智能自动化解决方案供应商德国库卡集团的主要股东。

美的组织架构过去采用"小集团、大事业部"制，各个事业部具有高度的独立性与话语权，各干各的，由此产生了"信息孤岛"、信息不透明现象；由于数据口径、标准等各不相同，集团总部往往难以把握总体情况，也常常产生不能及时了解事业部运营状况，上报的运营数据不真实。

在此背景下，美的董事长方洪波提出"一个美的，一个体系，一个标准"的理念。投入 20 亿元资金，耗时两年进行"632"项目（自主研发 ERP）：统一内部六大业务系统、三大管理系统、两大技术平台的建设。各个事业部统一标准与口径，将数据、流程全面打通，实现"用户端到端、产品端到端、订单端到端"，同时实现集团总部对价值链全流程的管控。IT 团队由原来的 300 人扩充到近 1000 人，集团总部拥有素质高、技术强的 IT 精英团队 14 个。

⊖ 资料来源：https://zhuanlan.zhihu.com/p/402920417。

企业信息化管理与创新

六大业务系统分别是产品生命周期管理（PLM）、企业资源规划（ERP）、高级生产排程（APS）、制造执行系统（MES）、供应商关系管理（SRM）和客户关系管理（CRM）；三大管理系统分别是商务智能（BI）、财务管理系统（FMS）和人力资源管理系统（HRMS）；两大技术平台分别是统一门户平台（MIP）和集成开发平台（MDP）。

2016年，美的进行战略升级，从传统的制造和销售向数字化、智能化、科技化转变。由总裁助理担任首席信息官（CIO），大力引进和培养IT人才，开发出大数据应用平台——美的观星台，如图2-14所示。通过内外部数据聚合，构建用户全景视图，形成1.89亿（日增约20万）唯一身份识别用户，10亿+行为数据，800+标签类型，为产品企划、产品研发、舆情分析以及各类促销活动提供精准支持。

图2-14　美的观星台

产品企划：①从调研公司处购买经过处理分析后的数据，分析什么样的产品好卖、用户对什么功能感兴趣，通过发放问卷的方式获取用户反馈；②购买竞争对手的产品，分析其优缺点；③利用爬虫技术获取用户网评数据，助力产品研发与改进。

产品研发：过去美的某型号烤箱的特点是容量大，主要宣传是烤鸡翅等肉类烧烤，销售排名靠后。利用大数据分析竞争对手的爆款竞品：①尺寸小，主要宣传介绍各类蛋糕和饼干的烘烤；②功能特征有循环热风、上下独立温控、独立加热，但美的产品没有一款能够覆盖这三项功能。找到产品的痛点，重新设计后的美的烤箱，三个月后销售排名第一。

舆情分析：利用用户网评（吐槽）改善研发，差评率占品质管理权重的13%。例如，一个月内发现某型号的压缩机噪声大，某型号冰箱有异味等问题。利用大数据提升售后服务质量，监控外包的服务店铺、安装、物流和收费等情况。

随着科技的落地应用，2018年10月19日，美的在50周年庆典上发布了新的愿景、使命、价值观，如图2-15所示，预示着美的进一步进行了文化升级。

第 2 章 信息与信息系统

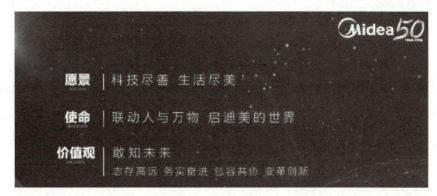

图 2-15 美的文化升级

国家信息中心首席信息师张新红说："数字驱动一切，网络重构一切，利用数字技术，所有生意都值得重新做一次。"利用信息技术可以帮助企业构建基于"智能制造、工业互联网、工业云平台"解决方案的数字化智能研发、数字化智能制造和数字化智能运维等新模式，全面推动企业各个方面实现自我变革和创新重构。美的董事长方洪波认为，转型就像一口气，"一口气突破了、顶住了，可能就是一片新的天地"。

从美的的案例中，我们应该思考以下三个问题，以明白信息系统实践的动机、本质和关键成功因素。

（1）信息系统实践的动机是什么？

改善用户体验，消除用户痛点，真正实现以用户为中心，提供数字化的产品和服务，形成新的用户体验，并且将满足用户需求的整个业务过程数字化。

（2）信息系统实践的本质是什么？

基于信息系统的思维重构、战略重构、业务重构和组织重构，用来满足用户需求、提升用户体验。

（3）美的信息系统实践的关键成功因素有哪些？

①组织保障，执行者的远见和领导力。"一把手"认知与资源（预算）支持，亲自关注并使用系统。②项目规划：现状分析、痛点分析、价值改善点分析、数字化策略（人员、技术、外包）、业务模式改变、组织与人员和新模式确定等。③成熟的产品与落地的实践方案，已经在美的内部完成迭代，"632"项目基础。④企业的创新文化，思维方式和行为模式变革，鼓励自下而上的创新并容忍失败。⑤大数据应用与业务融合是关键。⑥注重数字化人才引进。

2.5 案例思考：能接受 RTE 吗

老李的公司用的是某软件商的 ERP。一天，该公司的客户代表小陈跑来说："有个好消息告诉您，我们最新发布的软件已经不是普通 ERP 了，而是 RTE（Real Time

Enterprise，实时企业）等级的软件。"

谁知道，老李的回答是："什么RTE？不会是把ERP给拼错了吧？"

业务员小陈刚刚接受过"顾问式销售"高级培训，自然出口成章："您现在用的是单一的ERP软件，RTE是结合ERP、CRM、SCM、BI和OA等诸多的模块集成的软件系统，积极地消除其关键性业务流程中的管理与执行中的延迟从而展开竞争的企业软件。如果升级为我们RTE版的系统，贵公司的库存周转率可以提高百分之……您看，连沃尔玛、戴尔都是靠实时增加了价值，您还等啥呢？"

老李不晓得RTE是什么概念，但是实施ERP的艰辛还历历在目。想到此处，老李忙不迭地说："实施ERP，我们已经脱了一层皮。现在再转成RTE，可不就要了咱的命咯！其实我也不要求什么实时不实时的，只要我们的ERP能稳定运行，不要今天调整功能，明天升级版本的，我们就阿弥陀佛了……"

作为一位信息系统的老用户，老李自有一套朴素的观点，他有几个不接受RTE的理由：

理由一：干活越利索越好，地球人谁还不知道？

实时？咱老早就听说过了，不过几十年前的叫法没那么拗口，叫提高效率。后来说法越来越时髦了，叫什么"准时""JIT""敏捷""精益"等，说的不都是干活利索、减少浪费吗？你现在跟我大讲RTE，我总感觉是吃微波炉里热过的剩菜。

理由二：RTE的初级阶段

软件商和咨询顾问们可以整天轻松地鼓吹"实时"，可你们看清楚了吗，今天有多少企业还处在手工作业阶段？有多少企业还在用老掉牙的软件？有多少企业还在同时跑几套互不兼容的管理软件？再说了，你们的ERP功能还没做完，现在却又开始研究RTE了。

理由三：就咱们一家公司实时能算实时吗？

光我们实时了有用吗？我们的客户和供应商不实时怎么办？昨天我才从供应商的厂里回来，他们的供货看来实时不了。我们实时了，要等多长时间、花多少代价、耗费多少精力和唇舌才让他们也实时起来？

理由四：别把时间太当回事儿

省下时间就赚钱了吗？不错，减少耽搁和避免延迟的确是增加价值的方式之一，但是时间到底能值多少钱，还得看顾客怎么想。如果顾客不认为节省下来的时间值钱，而我们又花了太多的钱和时间去节省这个时间的话，恐怕"实时"以后增加的不是价值，而是成本。

理由五：信息的实时不等于人的实时

信息要实现实时相对容易，人的实时比较难。举个例子，贵公司本地分公司的业务员老早就告诉我新版本的软件如何好，老版本可以无缝升级上去。结果我这边老总马上拍板要升级，没想到过两天业务员来电话说："对不起老李，因为我们分公司的技术力量跟不上，没办法保证升级不出问题。但如果你可以支付交通费，我们从总公司帮你派顾问过来。"我这边又向老总打报告申请额外费用，后来批下来了，结果他又说："老李，因为我们全国的分公司都要从总部申请顾问去帮客户升级，我现在马上帮你报名，再过几个月我们总部的顾问才会来。"这就是我们经常遇到的情况：实时的信息，非实时的合作伙伴，非实时的流程，还有非实时的人。

问题：

（1）老李的五个理由是否正确，请谈谈你的看法。

（2）如果你是老李，你会怎么做？

第 3 章
数据思维

机械思维带来了工业革命,数据思维引爆智能革命。传统机械思维的核心思想是确定性和因果关系,即任何事情一旦发生,则必然会产生结果,通常有可用的模型来对事物进行描述,帮助人们找到解决方案。到了大数据时代,世界变得越来越复杂,不确定性无处不在,相关性取代了过去的因果关系,数据中包含的信息以及数据之间的相关性可以帮助我们消除不确定性。随着新技术的发展,从过去的物理世界转变为数据世界,人类不断适应时代的变化,对社会的认识也需要从机械思维转变为数据思维。无论是政府机构的决策者、商业组织的管理者,还是普通员工,都需要学习和了解数据思维。

3.1 数据的价值

3.1.1 数据的商业价值

数据的商业价值如何体现,总体上可以从三个方面去衡量:①是否增加了额外的收入;②是否减少了支出;③是否降低了风险。

阿汉经营一家餐馆,他将顾客的消费数据记录下来,根据每位顾客的消费记录进行分红,这一举动给餐馆每年带来了额外的收入。额外的收入就是数据的商业价值。

2019 年 7 月百度 AI 开发者大会上,百度 CEO 李彦宏说,百度和浦发银行联合培养了一位超级员工"数字人",她集自然语言理解、知识图谱、深度学习于一身,担任浦发银行的智能客服,服务一千万用户。从人工服务变成了人工智能服务,减少了银行的服务成本,并可实现 24 小时不间断服务。减少支出、降低成本也是数据的商业价值。

对重大突发事件的预防往往无法通过货币来衡量,一旦发生将是灾难性的。安全生产离不开数据实时监测,在锅炉上安装传感器,实时监测锅炉的温度,一旦发生异常,系统就会报警,可有效降低爆炸风险。人们对健康越来越重视,随着可穿戴式设备的普及,人们的运动健康数据能够被实时监测,可有效降低患病风险。降低风险也是数据的商业价值。

3.1.2 可量化的参照系

假如你开发了一个客户流失预警模型,准确率为 75%,客户却要求是 99%,这个项目一定不会被采纳。但实际上目前客户流失预警的准确率只有 60%,已经得到了明显的提高。不合理的预期,本质是没有合理的参照系。75% 的准确率如何能说服 99% 的预期,这就需要合理的参照系。

某平台为商家引进了个性化推荐系统,可以将客户的转化率从过去的 4% 提高到 8%,如果平台每天有 100 万的访问量,有了合理的参照系,数据的商业价值就可以衡量出来。

因此,预测不准是常态。有价值的数据分析,就是要在不确定性中尽可能多地挖掘出价值,数据的商业价值存在于不确定中,如果一切是确定的,可能也就没有商业机会了。

3.2 数据分析的"道"与"术"

3.2.1 数据分析的"道"

如何把一个业务问题定义成一个数据可分析问题,这就是数据分析的"道"。数据分析要明确两个方面:一个是 Y;另一个是 X。Y 是实际业务的核心诉求,或者科学研究的关键问题;X 是用来解释 Y 的相关变量,可以是一个,也可以是若干个。

最近老王需要从银行贷款,银行在放贷前要判断老王是不是一个守信的人,搞清楚他是不是一个守信的人,就是一个科学问题。从哪些方面对老王进行研判呢?首先要了解老王是否有固定资产,房子有几套,名下车有几辆;再看老王是否有稳定的收入,在哪里上班,月薪多少;有了这些信息还不够,还需要了解他生活中是个什么样的人,他有哪些朋友,平时都干些什么(物以类聚,人以群分)。这样就可以把研判老王是否守信的问题转变为一个数据可分析问题,这就是数据分析的"道"。

3.2.2 数据分析的"术"

将一个业务问题定义成一个数据可分析问题后,需要了解观察变量 X 对结果变量 Y 产生了怎样的影响,通常需要从以下三个方面去分析:

使命 1:要去识别并判断,哪些 X 变量是与 Y 真的相关,哪些不是。

使命 2:有用的 X 变量与 Y 的相关关系是正的还是负的。

使命 3:赋予所有 X 变量不同的权重,进而可以知道变量之间的相对重要性。

以上三个使命就是数据分析的"术",可以用此方法对业务问题进行深入分析。

3.3 搞清楚客户需求

在数据分析中，搞清楚客户需求也很重要，如果不清楚客户需要什么，盲目的数据分析产生不了数据的商业价值。

举个例子：最近老张的汽车修理厂要进行客户挖掘，主要目的是根据客户对汽车修理厂的年贡献率，分析哪些人是汽车厂商的"最有效客户"。客户对厂商的年贡献率不是用 Excel 就可以搞定了吗？还要数据分析干什么？原来，同样的年贡献率，客户所产生的价值是不一样的。比如，A 客户的贡献主要来源于汽车保养，B 客户的贡献来源于购买汽车保险，显然 B 客户对汽车修理厂的价值更大，因为在本店购买汽车保险，未来在这里进行汽车保养、维修的概率更大。

再如，老王开了一家民宿，正常情况下，可以根据市场情况进行灵活定价，淡季降价、旺季涨价，但老王对价格从不关心。你也许会问，老王是不关心自己的收入吗？通过深入访谈发现，原来老王的收入来源是各个加盟店的加盟费，民宿的价格是各个加盟店关心的事情，不是老王考虑的问题。因此，数据分析首先要搞清楚客户的需求。

3.4 数据分析与常用工具

3.4.1 数据可视化

数据可视化就是将数据合理地映射成图形元素的过程。人类是视觉动物，其视觉神经系统有强大的模式识别和分析能力，数据可视化是启动这套系统的途径。

数据可视化分为探索性和解释性。探索性通常是做之前并不知道数据中有哪些规律，可视化是探索的工具；解释性通常是知道规律，目的是方便理解，以让其他人更容易理解数据中的规律。

一个好的数据可视化，通常要考虑以下问题：哪些信息最重要？使用什么数据？受众群体是谁？阅读者的角色和知识背景是什么？需要何类信息？细节程度如何？

当然，选择合适的视觉编码方法也很重要，通常考虑的因素有位置、尺寸、角度、颜色、形状等。

基础的数据可视化就是统计图。一个好的统计图应该准确、有效、简洁、美观。

根据已有人员样本性别和年龄属性做不同性别特征下年龄统计分布特征分析，可以做成图 3-1 所示的直方图，也可做成图 3-2 所示的箱线图。

图 3-1 和图 3-2 都很简洁，经过比较发现，图 3-2 比图 3-1 更能反映不同性别特征下年龄的差异性，并能够找出各自异常样本点，如男性中编号 35 和 66 偏离样本正常值范

围,女性中编号 83 和 31 偏离样本正常值范围,尤其编号 31 偏离程度较大。因此,针对一个问题,用不同的图形表达,反映问题的精确性和有效性是不一样的。

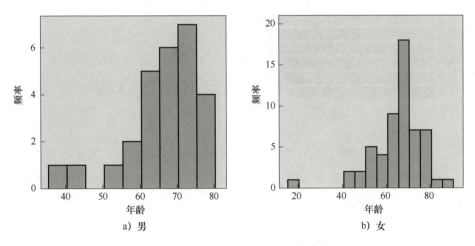

图 3-1 不同性别特征下年龄统计直方图

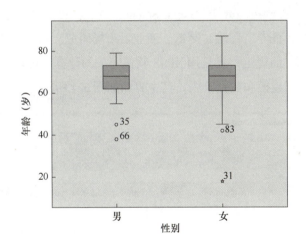

图 3-2 不同性别特征下年龄统计箱线图

再如,要统计某公司在全国各地办事处数量,可以用表 3-1 所列的表格统计,也可以用条形图做统计,如图 3-3 所示。

表 3-1 办事处数量统计表

省 份	数量(个)	省 份	数量(个)
江苏	1008	湖北	441
上海	904	湖南	437
山东	682	河南	409
北京	636	辽宁	392
福建	553	安徽	360

39

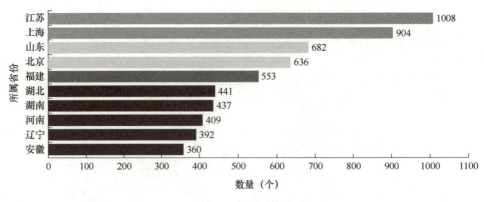

图 3-3　条形图统计

图 3-3 所示条形图展现如果不够美观，也可以采用地图等方式进行直观展现。当然，不同的可视化方式，给决策者的感受是不一样的。

3.4.2　数据挖掘工具 SPSS

SPSS（Statistical Package for the Social Science）已有 50 余年的发展历史，广泛应用于通信、医疗、银行、证券、保险、制造、商业、市场研究、科研教育等领域和行业。在国际学术界有条不成文的规定，凡是用 SPSS 软件完成的计算，可以不必说明算法。SPSS 可用于数据统计、数据建模和数据绘图，其主界面如图 3-4 所示。

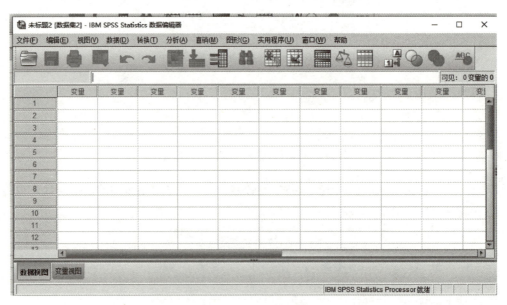

图 3-4　SPSS 主界面

1. 描述性统计分析

了解变量取值的一般特征。比如：哪些数值出现的频率最高？变量取值的大致范围是什么？有关数据的统计性描述主要包括数据的频数、数据的集中趋势分析、数据离散程度分析、数据分布以及一些基本的统计图形。

例：某品牌笔记本计算机 30 天的日销售量见表 3-2，试对销售情况进行统计性描述。

表 3-2 日销售量

序　号	销售量（台）	序　号	销售量（台）	序　号	销售量（台）
1	751	11	776	21	785
2	758	12	777	22	788
3	759	13	779	23	789
4	761	14	781	24	789
5	764	15	782	25	790
6	766	16	783	26	790
7	768	17	783	27	791
8	771	18	783	28	791
9	773	19	784	29	792
10	774	20	785	30	792

首先，加载数据，选择菜单【分析】→【描述统计】→【频率】，进入频率设置窗口，将左边列表 sales 选入右边变量列表中，如图 3-5 所示。

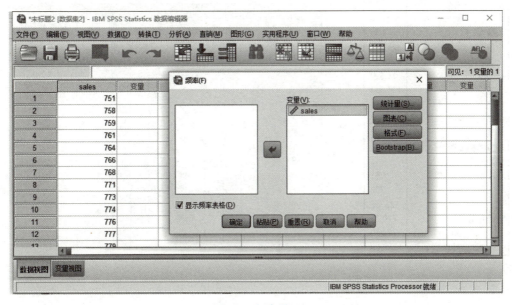

图 3-5 频率设置

然后，单击图 3-5 中的【统计量】按钮，进入图 3-6 所示的统计量设置，单击【继续】按钮。

接着，单击图 3-5 中的【图表】按钮，进入图 3-7 所示的图表设置，单击【继续】按钮。

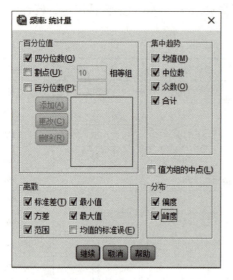

图 3-6　统计量设置

图 3-7　图表设置

最后，在图 3-5 所示的界面中单击【确定】按钮，生成统计报告，如图 3-8 所示。

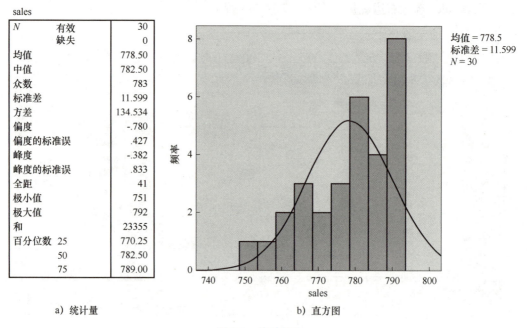

a) 统计量　　　　　　　　　　　　　b) 直方图

图 3-8　统计报告

从统计量可知这 30 天中日销售量的均值、中值、众数、标准差、偏度、总量等指标数据，从直方图可知日销售量呈不均匀分布，偏态比较大。

2. 数据建模

现有24家电商平台广告支出与销售额的数据，见表3-3，试绘制变量"广告支出""人员投入""销售额"的散点矩阵，分析它们之间是否存在线性关系，并建立回归预测模型。

表3-3 24家电商平台统计表

编　号	广告支出（万元）	人员投入（人）	销售额（万元）
1	1.2	12	6.8
2	1.8	15	7.8
3	1.6	13	7.6
4	1.7	15	8.3
5	2.3	16	8.8
6	2.1	14	8.6
7	1.9	13	8.5
8	3.3	17	10.5
9	3.1	16	10.2
10	2.5	14	9.8
11	3.1	17	11.1
12	3.5	15	11.0
13	4.5	18	10.8
14	5.0	17	10.9
15	4.7	18	11.4
16	5.1	19	11.6
17	5.1	20	11.8
18	4.8	21	12.0
19	5.3	22	12.1
20	5.5	20	12.1
21	4.6	25	12.3
22	5.2	24	12.4
23	5.0	23	12.8
24	6.5	22	11.7

首先，加载数据，选择菜单【图形】→【旧对话框】→【散点/点状】，进入散点图选择窗口，选择【矩阵分布】，如图3-9所示。

其次，单击图 3-9 中的【定义】按钮，进入图 3-10 所示的散点图矩阵设置。

再次，在图 3-10 所示的界面中单击【确定】按钮，生成销售统计报告，如图 3-11 所示。

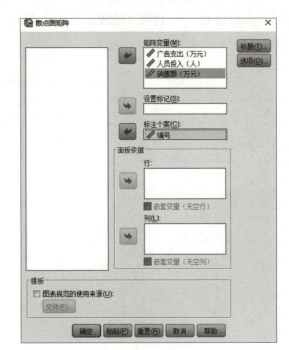

图 3-9　散点图选择　　　　　　　　　　　图 3-10　散点图矩阵设置

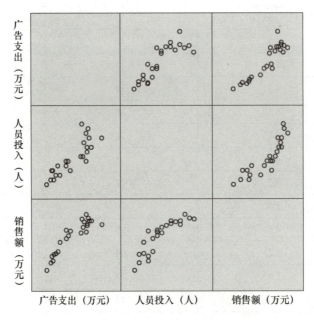

图 3-11　销售统计报告

从图 3-11 可知，销售额与广告支出、人员投入均呈正相关，相关趋势非常明显，由此可以建立多元回归模型。

接下来，选择菜单【分析】→【回归】→【线性】，进入线性回归设置窗口，如图 3-12 所示，将销售额设置为因变量，广告支出、人员投入设置为自变量，方法采用逐步。

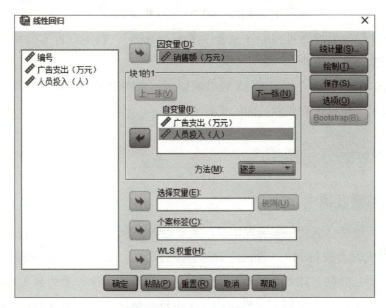

图 3-12　线性回归设置

最后，在图 3-12 所示的界面中单击【确定】按钮，回归模型生成报告，如图 3-13 所示。

方差分析[c]

模型		平方和	df	均方	F	Sig.
1	回归	59.676	1	59.676	118.242	.000[a]
	残差	11.103	22	.505		
	总计	70.780	23			
2	回归	62.067	2	31.034	74.805	.000[b]
	残差	8.712	21	.415		
	总计	70.780	23			

a. 预测变量：(常量)，广告支出（万元）。
b. 预测变量：(常量)，广告支出（万元），人员投入（人）。
c. 因变量：销售额（万元）。

系数[a]

模型		非标准化系数		标准系数	t	Sig.
		B	标准误差	试用法		
1	(常量)	6.582	.384		17.118	.000
	广告支出（万元）	1.040	.096	.918	10.874	.000
2	(常量)	4.885	.788		6.199	.000
	广告支出（万元）	.700	.166	.618	4.223	.000
	人员投入（人）	.167	.069	.352	2.401	.026

a. 因变量：销售额（万元）。

图 3-13　回归模型生成报告

从图 3-13 可知，将变量逐步代入建立回归模型的 F 值均通过检验（显著性水平 $P<0.05$），回归模型：

$$Y_1 = 6.582 + 1.040 X_1$$
$$Y_2 = 4.885 + 0.700 X_1 + 0.167 X_2$$

各个系数 t 检验值均通过检验（显著性水平 $P<0.05$），确定广告支出和人员投入，两个模型均可用来预测销售额。

上述例子从两个方面介绍了 SPSS 软件的使用，意在说明学会使用适当的数据分析工具是非常必要的，也是提高职业技能的重要手段。

3.5 一个数据分析实例

3.5.1 项目背景及需求

在生活中，经常会遇到一些突发情况，需要诉诸政府部门或者专门的机构来解决。比如，当遇到火灾时会拨打 119，遇到抢劫时会拨打 110，遇到急救时会拨打 120。但日常遇到的问题远不止这些，比如，家里停电停水了，找谁来解决？旁边施工单位昼夜不停，住户不堪其扰，又找谁？出租车司机拒载，又由谁来解决？为了方便与市民的沟通交流，解决生活中遇到的各种问题，各地政府开通了政府便民服务电话"12345"，市民可以通过热线向政府部门提交建议、意见或进行投诉、举报等。

市民服务热线实行的是"一号对外、集中受理、分类处置、协调联动、限时办理"的工作机制。当市民拨打"12345"热线后，对能直接解答的问题，依据知识库信息直接解答，对于不能解答的问题，如投诉会通过计算机记录下来，然后由工作人员对这些问题进行分类，及时转交相关部门处理，相关部门在限定时间内进行处理并反馈。

项目需求：现根据工作人员的经验进行分类，由于经验不足，常常出现分类错误的情况，分类准确率只有 75% 左右。随着市民投诉电话越来越多，错误分类的情况时有发生，不仅会消耗更多的政府资源，还会拖延问题解决的时间，影响了市民对政府工作效率的满意度。另外，由于工作量巨大，频繁出现员工辞职或调离岗位的事情。如何提高分类准确率以及自动化水平？这是当前需要解决的现实问题。

3.5.2 问题定义

对分类正确的每一条投诉建议，进行文本挖掘，找出核心词汇和频率，并记录下来。利用机器学习分类模型进行建模。

Y 变量：投诉建议的受理部门。

X 变量：投诉建议中的关键词。

第3章 数据思维

通过建立投诉建议文本中的关键词和受理部门之间的关系,如图 3-14 所示,实现自动化投诉建议的信息分类。

图 3-14　信息分类研究示意

3.5.3　模型构建

朴素贝叶斯分类是一种简单高效的分类算法,核心思想是:对于给出的待分类项,求解在此项出现的条件下各个类别出现的概率,哪个最大,就认为此待分类项属于哪个类别。比如,"自来水"的投诉建议属于市水务管理局职能范畴的可能性,必然高于属于市供热公司职能范围的可能性。贝叶斯模型根据概率值比较进行预测分类。

将已有 20000 条投诉建议样本进行随机样本划分,16000 条作为训练集,4000 条作为测试集,运用 16000 条样本"训练"得到一个分类模型,并将模型应用于另外的 4000 条投诉建议测试样本,尝试预测这 4000 条投诉建议应该被分到哪一个政府部门。结果显示,模型分类投诉建议准确率达到 96%。

3.5.4　问题解决与成效

在过去几年里,便民服务热线后台早已积累了许多投诉建议的分类记录,这些分类记录都是负责分类的工作人员的经验集合。通过模型,就可以把这些分类的"经验"提取处理,运用于当前的投诉建议分类工作。另外,计算机自动化分类比人工分类效率要高得多,并且只需要工作人员对误分类的投诉建议进行重新分类即可,能够大大减少人工处理的工作量。同时,有经验的员工离职率高、新员工经验不足易出错的问题也得到了解决。

3.6　数据分析赋能行业应用

大数据改变了人们的生活方式,社会经济发展有了新的思路,给公共管理带来了新的方向。人们的出行不再需要在路边拦车,信用记录良好的借款者更容易通过借款审批,智能制造、智慧零售、智慧交通、智慧医疗、智慧养老等已经在身边落地。数据分析广泛应用于商业、工业、农业、政府、医疗、零售等领域。

企业信息化管理与创新

1. 数据赋能商业应用

今天，越来越多的企业在使用大数据洞察并分析客户的实际需求，通过数据驱动精准营销，改善用户体验。在大数据时代，售后服务成为"利润中心"，精明的企业会发挥庞大的用户优势，想尽办法留住用户，通过智能产品向用户推送服务，创造新的价值。基于数据驱动的商业分析如图 3-15 所示。

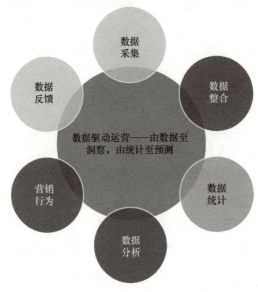

图 3-15 基于数据驱动的商业分析

2. 数据赋能工业应用

数据赋能工业应用主要体现在产品智能化、流程的智能化升级和制造业的互联网化三个方面。

产品智能化主要表现在智能装备、终端、传感器的普及和应用，人人有终端、处处可上网、物物有感知。流程的智能化升级主要表现在市场分析、产品策划到设计再到制造、供应链、高质量的服务和安全管理。制造业的互联网化主要表现在以大数据、云计算、移动和社交等新一代 IT 技术为突破口，驱动大规模、活跃的市场创新、应用创新和业务模式创新。智慧工厂解决方案示意如图 3-16 所示。

3. 数据赋能农业应用

我国农业的历史进程可以划分为以下几个阶段：

1.0 时代，是小农经济时代，人们从事的主要是体力劳动，主要使用手工工具和畜力等来完成生产。

2.0 时代，主要依赖机械进行生产，出现了适度经营的种植大户。

3.0 时代，以互联网和现代科学技术为主要特征，在农资流通、育种育苗、植物栽种、土壤和环境监测、农业技术等方面都有了智慧的参与。

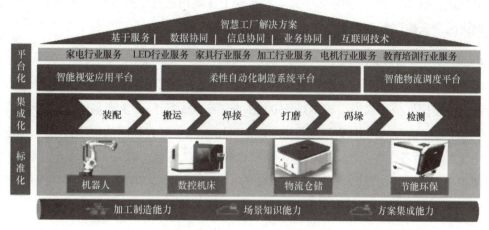

图 3-16　智慧工厂解决方案示意

智慧生猪养殖如图 3-17 所示。借助网络销售平台，用户可以在线下单，后台能实时掌握订单情况。借助物联网和人工智能，农场能实时掌握猪的生长情况，形成最佳的猪群管理方法。

图 3-17　智慧生猪养殖

4. 数据赋能政府治理

数据分析帮助政府更好地服务社会，让普通公民的收入有所增加，支出有所降低，风险有所规避，幸福感增强，这就是数据之于政府的价值。

5. 数据赋能医疗应用

患者就医过程中产生的数据、临床医疗和实验室数据、制药企业和生命科学产生的数据、智能穿戴设备带来的健康管理数据都是新的生产要素。现代医学进入 4P（Prevention,

Prediction, Personalization, Participatory）时代，数字医疗和健康预防向基层社区和个人家庭方面发展，区域医疗卫生信息平台基本实现了区域内医疗卫生机构互联互通、信息共享，健康医疗云构建新型卫生服务体系将是现阶段的主要任务。

6. 数据赋能零售应用

零售包括传统的线下超市和电商平台。从超市货架上取走一瓶洗发水意味着什么？对联合利华（中国）公司来说，答案是 1500 家供应商、25.3 万 m^2 生产基地、9 个区域分仓、300 个超商和经销商都因此而受到牵动。京东（JD.com）具有较高的市场占有率，在全国拥有七大物流中心，在全国 40 座城市运营 123 个大型仓库，拥有 3210 个配送站和自提点，覆盖全国 1862 个区县，再加上 6000 家合作伙伴、数亿名用户，构成了一个庞大的物流体系。

3.7 案例思考：不做物流的"物流汇"

1. 公司简介

上海新跃物流企业管理有限公司（以下简称新跃公司）成立于 2006 年，是一家以中小型物流企业集成化服务平台"物流汇"为载体，为中小型物流企业提供全生命周期服务，沿"一带一路"整合物流资源，打造物流行业创新创业平台。2018 年，新跃公司主营收入 7702 万元，缴纳各类税收 957 万元。"物流汇"平台会员企业累计营收 105 亿元，累计缴纳各类税收 3.3 亿元。

新跃公司为上海地区 8000 多家中小微物流会员企业提供多达 70 余项集成化公共服务和产品，具体包括工商、税务以及社保等事务的代办，商业保理、银行融资以及物流保险等其他各类商务服务及物流资源交易业务。

新跃公司通过与当地政府合作，成立混合所有制公司的方式，沿"一带一路"走出上海，已在新疆喀什、浙江义乌、江苏江阴、河南濮阳、云南玉溪、安徽合肥等 30 多个地市拓展，服务全国超过 3 万家企业实体会员。

2. 公司主要荣誉

2012 年，新跃公司被认定为"国家中小企业公共服务示范平台"。

2015 年，新跃公司被评选为"物流标准化"国家级示范单位。

2010 年、2013 年、2015 年、2016 年、2017 年，新跃公司五次被评选为上海市电子商务"双推"创新服务平台。

2016 年，新跃公司被认定为高新技术企业。

---

① 资料来源：http://www.56hui.com/。

2017年，新跃公司被选为上海市科技小巨人企业。

2017年，新跃公司获评金山区区长质量奖组织奖。

2018年，新跃公司被评为上海市重点物流企业。

2019年，新跃公司被评为2017—2018年度上海市文明单位。

2019年，新跃公司被评为2017—2018年度金山区文明单位。

2019年，新跃公司被评为2017—2018年度"金山区优秀百强企业"。

3. 公司使命

建造物流企业家园，塑造物流企业形象，打造物流企业文化，创造物流企业价值，缔造物流企业神话。

4. 客户关系管理（CRM）理念

不论是传统的异地货运，还是年轻人青睐的网络购物，抑或是企业之间的文件快递，处处都闪现着物流的身影。在我国，第三方物流行业每年以30%的增速迅猛发展，已经形成了每年数百亿元的市场。然而，国内物流行业的瓶颈也十分明显，物流企业多达400万家，甚至一辆车就是一个物流企业，规模小、服务水平参差不齐的现象十分突出。就在物流业深陷"一盘散沙"时，"物流汇"应运而生，并且迅速做大。据统计，早在2009年"物流汇"所管理的物流企业营业额就超过12亿元，悄然占据了上海16%的物流市场份额。它是如何吸引众多物流企业进入其平台的呢？又是通过什么手段和方法留住它们的呢？

会员企业"山汉物流"总经理李岷颇有感触，2003年，他带着一辆客货两用车来到上海，想搞运输，但是"连工商局在哪儿都不知道"，对企业开业、运营一无所知。找到"物流汇"之后，开业所需证照和手续全部办妥。同时，他还得到了咨询指导服务，了解到品牌对物流企业的重要性，"'山汉物流'这个名字就是他们帮我起的"，李岷说。接下来，"山汉物流"开始参与大型超市的物流招标，为了达到投标条件，李岷在"物流汇"团购运输车辆，以优惠的价格"鸟枪换炮"，走上正规化道路，从而顺利拿到一批长期运输业务。随着业务量加大，靠手工记账的方法已经难以胜任，这时候，李岷又在"物流汇"购买了一套软件，从此开始用电子商务管理运输订单、应收账款。短短7年时间，"山汉物流"从营业额不足百万元起步，2010年的营业额已突破1亿元。

李岷表示，"物流汇"能为传统物流企业提供全方位的服务。比如，"物流汇"与多家保险公司推出即时保险，使物流企业每运输价值1000万元的货物，即可节约保费5000元以上；而"物流汇"与工商银行开辟的"银企互联"服务，也解决了物流企业现金支付难的问题。

"物流汇"立志从传统服务业向现代服务业转型，探索一条在传统物流产业中普及高

企业信息化管理与创新

科技技术的道路。比如,"物流汇"与中国电信合作,利用中国电信的 GPS One 全国定位系统,推出物流车辆定位系统。司机只要配备一部特殊的手机,就可以实现精准定位。这样一来,货主和物流企业管理者都能随时了解车辆运行的位置,可以实现货物运输全程跟踪。此外,"物流汇"还加强了呼叫中心和客户管理系统的开发,以便为小型物流企业提供统一的客户服务和货运信息发送,使物流企业的服务质量大幅提高。平台和一系列高科技应用,让成千上万家小型物流企业连成了一张网,也使得物流企业对高新技术买得起、用得起、用得好,从而改进了物流企业的运营和管理水平。

在"物流汇"创始人吴军看来,"如果一家小型物流企业可以提供车辆定位、24 小时短信服务,而且可以随时拥有巨大的潜在运力,那么它就从小型物流企业跃升为现代物流企业,实现'规模云端化',从而达到世界 500 强标准所需的服务标准"。统计显示,在遭遇金融危机的 2009 年,全行业近 60% 的企业利润负增长,但"物流汇"服务的 8000 多家物流企业的营业额年平均提升了 15%。

"物流汇"的会员在加油时,撬装式加油装置可以通过工商银行的联名卡适时读出会员信息,加完油以后钱自动从卡中扣除。这种加油方式的好处是减少了很多中间环节,而且不需要人工管理。吴军说:"这次在柴油涨价前我们的价格比市场价每升少 0.35 元,并且能够保证油荒时期可以正常供应。司机需要加油,只需插入银行卡,输入加油量,并享受团体价格优惠,通过加油过程自动化和电子化,能够将每次加油信息实时上传至'物流汇'企业管理平台。"

5. "微尘矩阵"系统解决方案

"物流汇"为每个会员企业提供量身定做的信息化管理系统。传统信息化系统的研发方式是软件企业提前编制好所谓的"模块",比如公司管理系统只分财务、市场和采购等模块。当面临客户需求的时候,软件企业就根据客户的实际情况来调整,理想的状况是对现有模块进行微调,以适应客户需求。实际上,客户的需求"千变万化",模块往往撞得"鼻青脸肿",加上经常模块一调动,"牵一发而动全身",所谓的"模块"完全被破坏,最后双方妥协,模块部分调整,客户需求变动,弄个"四不像"。等到系统好不容易交付,客户使用起来不方便,业务流程也受到影响,慢慢也就对系统产生抵触情绪,甚至将它束之高阁。

"微尘矩阵"系统解决方案将材料抽象到最细的层面,只生产"砖头",不做所谓的"框架"和"空房子",不需要写一行代码就可以在几天时间内从无到有地为任何企业配置出一套包括 ERP、CRM、SCM 在内的信息化管理系统。凭此技术"物流汇"已经获得了六项实用新型专利和二项著作权,得到了业内专家的一致好评。

6. 文化引领,平台唱戏

这一中小型物流企业公共服务与管理平台,通过打造行业文化来提升从业人员的使命感、自豪感和责任感。要振兴物流业，就必须提升物流企业能级，提高物流从业人员的素养、管理水平和运营效率。

"物流汇"于2018年才成立党支部，2019年以来已收到102份情真意切的入党申请书，其中39名入党积极分子是物流行业的私企"老板"。这是一家民营企业的党支部，却屡屡收到会员单位党员要求转入组织关系的请求：他们多年前来上海打拼，如今事业成功了，组织关系都在原籍，组织生活离他们很远……终于，他们在上海新跃物流企业管理有限公司党支部找到了新的"家"。党支部根据物流企业流动性大的特点，积极探索企业基层党组织为行业党建服务的新思路和新模式。

在城市化的进程中，物流企业的工作场所被不断地推向城市边缘地带。"物流汇"在2009年提出"让物流人有尊严地生活和工作"，并联合所服务的物流企业共同发起"将每年5月6日定为物流日"的倡议，以期响应国务院《物流业调整和振兴规划》的号召，唤起社会各界对物流行业的关注，提升物流行业从业人员的自豪感。

"物流汇"邀请上海音乐学院徐坚强教授（上海国际艺术节节歌《地球是个美丽的圆》作曲者）为物流人作词，他创作了《春夏秋冬伴我行》，作为物流日主题曲。同时，"物流汇"还邀请东华大学服装与艺术设计学院副院长、中国著名设计师刘晓刚教授为物流企业设计工装。它不但改变了长期以来物流人给人的邋遢、肮脏的形象，更重要的是通过物流工装使物流人工作得更安全，生活得更文明。此外，"物流汇"还创办物流精英杂志和物流精英学院，提升物流企业的品牌，增强物流企业的外部影响力和内部凝聚力，聘请对物流行业有深入研究的专家教授，为物流企业管理人员举办具有针对性的培训，并对物流企业进行全员的技能、技术培训。

这个不做物流的物流企业，凭借其独特的IT技术、暖心贴心的客户增值服务和极具时代特征感的企业内涵，正意气风发地驶入发展的"快车道"。

问题：
（1）"物流汇"服务的对象、服务的内容有哪些？
（2）"物流汇"的平台模式有哪些理论支撑？

第 4 章
信息系统应用

4.1 企业成长中的 IT 选择

企业创业阶段：主要是职能应用或局部应用。由于人员少、业务规模小、管理的复杂度小，而且业务快速发展，变数较大，此时往往没有固定流程或规范，仅凭管理者的决定或者成员商定，利用一些简单的辅助工具。例如，利用财务管理软件管理资金，利用进销存软件记录物料和销售情况，以此实现运作。

企业规范化阶段：更大范围的职能应用或局部应用。企业发展到一定规模，再靠彼此之间一事一议式的"磨合"，已经无法满足发展需要，因此，企业需要建立明确的流程、规则、制度，然后不断摸索和完善，逐渐优化。

企业精细化阶段：企业内部应用的整合。进一步，企业需要利用集成的管理系统软件，如企业资源计划（ERP）、客户关系管理（CRM），将这些业务流程"固化"，提高运营管理的效率，建立一个运营管理的支撑平台。

企业合作阶段：企业经营网络的集成和业务范围的重新定义。供应链管理和电子商务不断拓展并进行跨界融合。

4.2 ERP

4.2.1 理解 ERP

ERP（企业资源计划）系统是建立在信息技术的基础上，以系统化的管理思想为企业决策层及员工提供决策运行手段的管理平台。

厂房、生产线、加工设备、检测设备、运输工具等是企业的硬件资源，人力、管理、信誉、融资能力、组织结构、员工的劳动热情等是企业的软件资源。

ERP 系统的管理对象便是上述各种资源及生产要素。通过 ERP 的使用，企业能够及时、高质量地完成客户订单，最大限度地发挥这些资源的作用，并根据客户订单及生产状况做出调整资源的决策。

下面这个故事①将帮助大家充分理解 ERP，ERP 不仅是一种系统化的管理工具，更是一种系统化的管理思想。

一天中午，丈夫在外给家里的妻子打电话："亲爱的，晚上我想带几个同事回家吃饭可以吗？"

妻子："当然可以！来几个人？几点来？想吃什么菜？"

丈夫："6个人，我们7点左右回来，准备些酒、烤鸭、番茄炒鸡蛋、凉菜、蛋花汤……，你看可以吗？"

妻子："没问题，我会准备好的。"

妻子记录下需要做的菜，具体要准备的原材料有鸭、酒、番茄、鸡蛋……，发现需要：1只鸭、5瓶酒、4个番茄、10个鸡蛋。

打开冰箱一看，只剩下2个鸡蛋。

来到自由市场，妻子："请问鸡蛋怎么卖？"

小贩："1个1元，1斤5元，2斤9.5元。"

妻子："我只需要8个，但这次买2斤。"

妻子："这有一个坏的，换一个。"

回到家中，开始洗菜、切菜、炒菜……，妻子发现拔鸭毛最费时间，用微波炉自己做烤鸭可能来不及，于是决定在楼下的餐厅里买现成的。

下午4点，电话铃又响："妈妈，晚上几个同学想来家里吃饭，你帮忙准备一下。"

"好的，儿子，你们想吃什么？爸爸晚上也有客人，你们愿意和他们一起吃吗？"

"菜你看着办吧，但一定要有番茄炒鸡蛋。我们不和大人一起吃，6:30左右回来。"

"好的，肯定让你们满意。"

鸡蛋又不够了，打电话叫小贩送来。

…………

6:30，一切准备就绪，可烤鸭还没送来，急忙打电话询问："我是××，怎么订的烤鸭还没送来？"

"不好意思，送货的人已经走了，可能是堵车吧，马上就会到的。"

门铃响了，"您好，这是您订的烤鸭，请在单上签字。"

6:45，女儿的电话："妈妈，我想现在带几个朋友回家吃饭可以吗？"

"不行呀，女儿，今天妈妈需要准备两桌饭，时间实在来不及，真的非常抱歉，下次早点说，一定给你们准备好。"

---

① 资料来源：http://www.doc88.com/p-312736201007.html。

企业信息化管理与创新

送走了所有客人，疲惫的妻子坐在沙发上对丈夫说："亲爱的，现在咱们家请客的频率非常高，应该要买些厨房用品了，最好能再雇个保姆。"

丈夫："家里你做主，需要什么你就去办吧。"

妻子："还有，最近家里花销太大，用你的私房钱来补贴一下，好吗？"

…………

最后，妻子拿着计算器，准确地算出了今天的各项成本和节余原材料，并记入了日记账，把结果念给丈夫听。

丈夫：值得，花了145.49元，请了好几个朋友，感情储蓄账户增加了若干。

从这个案例中，可以看出妈妈扮演了管家的角色，做饭的流程如图4-1所示。

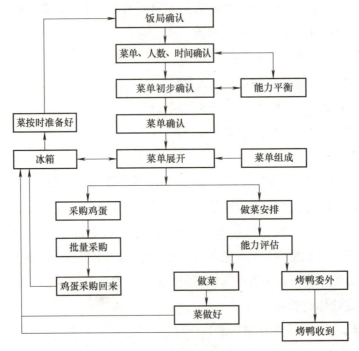

图4-1　做饭的流程

企业中的ERP实际上也扮演着管家的角色。如图4-2所示，饭局就是订单，饭局确认就是主生产计划生成，菜单展开就是物料需求计划（MRP），菜单组成就是物料清单（BOM），等等。

那么，ERP能帮我们做什么？它主要能实现以下功能：①在企业职能与资源整合方面，帮助我们管理从订单到出货，实现数量、时间上的联动；②在企业资源有效利用方面，能充分调动企业资源，实现效率最优化；③在规范企业管理方面，将流程标准化，可复制；④在提升员工素质方面，使大家都按照流程标准做事，员工发生的例外将减少。

第4章 信息系统应用

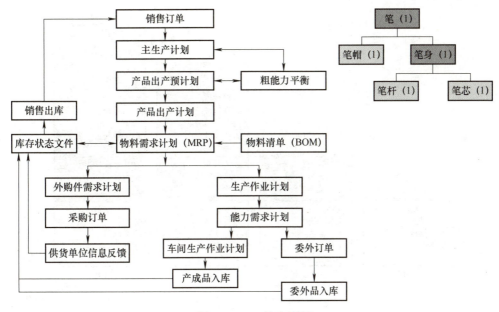

图 4-2 ERP 核心流程

4.2.2 ERP 的发展

ERP 的发展历程是：从 MRP 到 MRP Ⅱ，再到 ERP，现在已经是 ERP Ⅱ 时代。这个过程是包罗扩展的，而不是取代替换的，如图 4-3 所示。

图 4-3 ERP 的发展历程

图 4-4 说明了 ERP 发展历程中的功能变化，从库存计划、物料信息集成到物流资金流信息集成，再到多行业、多地区、多业务供需链信息集成，到现在面向电子商务、客户关系管理等的协同商务。ERP 是覆盖企业业务全流程的信息化管理系统。

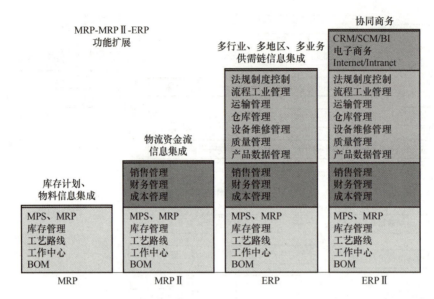

图 4-4　ERP 的功能扩展

ERP 背后的核心理论基础是经济学理论：资源是有限的，需求是无限的。在这一理论基础上，引申出其他一系列理论，包括约束理论、精益生产理论、流程优化理论、全面质量管理理论、敏捷制造理论、绿色制造理论、价值链理论和准时生产理论等。目的是利用 ERP 系统使有限的资源创造最大化的价值。

面对不断发展的新环境和新市场，ERP 的未来发展趋势大致为：①注重对供应链的管理支持；②注重知识管理、信息的深度加工和利用；③数据仓库、商务智能不断加强；④更加开放的集成系统。

4.2.3　ERP 的实施

A 厂 ERP 实施案例⊖是我国 ERP 实施第一案，也是非常典型的失败案例。2000 年左右，在我国 ERP 还是舶来品，人们对之知之甚少，通过对这一案例的了解，有助于理解和思考 ERP 实施中的问题。虽然事情过去了很多年，但失败中的教训仍然值得我们学习。

2002 年春节前夕，某集成系统有限公司 B 与 A 厂在法院经济庭的主持下达成庭内调解：① 2002 年 2 月 28 日之前，由被告方 B 向 A 厂给付 200 万元；② 2002 年 2 月 28 日之前，原告方将 Movex（瑞典 Intentia 公司的 ERP 产品名称）计算机管理信息系统硬件及软件返还被告方，从而给国内第一起 ERP 系统实施服务诉讼案画上了句号。

作为国内"第一起 ERP 官司"，这场历时 15 个月的诉讼案最终以用户方"退货"、实施服务方给付用户方 200 万元结局（注：原 ERP 合同金额为 160 余万元，用户方此前已

⊖　案例改编：http://www.hyey.com/shwzx/dzswzt/erp/200905/156265_4.html，本案例中对有关名称、数据等做了必要的掩饰性处理。

支付140万元），其意义恐怕已经超越了"A厂捍卫了用户的合法权益""实施方败走麦城"等简单的事实判断。

A厂和B的合作始于1998年3月，到这场冗长的ERP实施纠纷得出结论时，4年时间已经飞逝而过。这个结论看上去来得有点晚，但整个事件所涉及的方方面面与其作为"中国ERP第一案"所特有的代表意义一样，对于那些因为没有ERP而不知所措或者有了ERP而"忍气吞声"的企业、对于那些使出浑身解数销售ERP软件的供应商、对于那些做ERP实施生意而奔走呼号的咨询服务公司、对于所有因为ERP而焦头烂额或者"热泪盈眶"的人们，都将可以沿着相同的路径、不同的体验在内心深处找到答案。

反复折腾的ERP实施与其他ERP案例的开始大同小异，A厂在1998年感到原来的财务软件难以适应大规模企业的管理，并且需要将财务、采购、库存等数据进行整合，从而决定采用ERP。当时B是瑞典Intentia公司的独家代理。

一方是行业内的著名企业，1998年销售额超过7亿元，有职工1200多人。一方是国内IT业"领头羊"，这场"婚姻"看起来门当户对。

1998年3月20日，双方签订了ERP合同：关于实施Movex计算机管理系统的合同书，约定A厂付给B人民币1697297.50元。其中，Movex软件费用为786552.5元；设计、实施服务费用为67103.97元；购买服务器等的费用为843641.03元。换言之，当时B以"总承包"的身份负责包括软硬件及咨询服务在内的系统工程实施。

根据合同，实施时间为1998年4月1日到9月30日，试运行时间是1998年10月1日到12月31日，正式运行时间是1999年1月1日，验收时间是1999年3月30日，合同还约定了违约责任：1998年9月30日之前，如不能完成合同有关事项，每延期一天，B应向A厂支付全部价款千分之五的赔偿金。

合同签订之后，A厂陆续付给B包括购买硬件、软件在内的有关费用140万元，B也派人进驻了A厂，开始和A厂的工作人员一起进行实施工作。然而，"婚后"的矛盾由此逐渐暴露出来——A厂认为，在接下来的实施阶段，出现了几个难以解决的问题，首先是Intentia软件产品汉化不彻底，操作界面和表单中有英文出现，致使员工难以使用；其次是系统提供的后台报表和数据采集的方式不符合国内财务制度和需求习惯；最后是软件实施商对软件不熟悉，没有按照软件厂商标准流程和实施方法论来实施，据一些当时参与实施的A厂技术人员反映，由于B的技术人员不熟悉产品，在参数的设置上出现错误，造成了一些表单无法正确生成。

实施工作进行到1999年11月15日，A厂决定向B最高层投诉：直接给董事长发去了一纸紧急传真。传真提出了三个问题，第一个问题是"直至今日合同仍未履行完毕，延期的损失如何处理"。根据合同有关延期的违约责任规定，乙方此项赔金已累计为325万元。第二个问题是"今后的实施费由谁支付"，由于B要请软件商Intentia作为该项目厂商方面的技术支持，而软件厂商又未同意不收取任何服务费，因此A厂指出，在合同的系统售后服务中已经注明，乙方根据甲方要求对软硬件的设计做局部功能的改进调整是乙方永久性提供的一项服务，不向甲方收取费用。第三个问题则是继续履行合同的时间安排。

对于此传真，B表示一定配合A厂把项目做好，发生的实施费用由B支付，先派A厂认可的工程师到项目组解决一些包括报表、账目平衡等日常问题，再在11月底做出详细的计划及人员安排。

11月25日，一个包括A厂计算机中心主任、商业批发公司财务科科长、常务副厂长、法制办公室主任、B公司副总等人和Intentia公司技术人员在内的三方会议召开，旨在解决问题，推动项目进行。

12月8日，B给A厂发来盖有B公司公章的一纸书面意见，其中提到"合同中规定的9月30日完成项目，到目前为止，已经造成了325万元的违约金损失，在此向A厂道歉"，并明确表示除双方合同中规定的应付实施费用，B不再增收项目后续的实施费用，B将支付Intentia顾问发生的实施费用。这纸书面意见同时承诺，如果项目失败，A厂有权按照合同追究责任（这一纸传真在后来的诉讼中成了重要的证据）。

转眼间到了2000年7月，其间双方经历了再一次的实施、修改和汉化，包括软件产品提供商Intentia公司也派人来A厂解决了一些技术问题。但是由于汉化、报表生成等关键问题仍旧无法彻底解决，A厂始终在试运行Movex有关模块的同时并行运行原有的管理信息系统，反而加大了员工的工作量。双方显然都已经被这场冗长的ERP实施拖得筋疲力尽了。

2000年7月20日，B再次通过传真给A厂提出了三个方案：一是采用Visual Fox Pro、MS-Access等前台软件工具编制报表，来满足对现有报表的要求；二是用Scala Globe Series软件替代Movex，重新实施项目；三是保留AS/400系统，另外采用和佳的ERP。以上三种方案的费用由B承担。A厂方面认为，这三点意见均说明对方已经对Movex无能为力，可以下结论说该项目已经失败。同时，A厂拒不接受对方提出的三点解决方案，因为这和签订合同的初衷不符。

在之后的4个月中，双方始终无法在赔偿金额数量（A厂坚持在325万元的基础上进行谈判）、如何解决系统实施中遇到的困难等关键问题上达成一致，B也拿不出任何有效的证据来证明自己所做的工作。同时，由于经历了多次徒劳的谈判、商讨，气氛也日趋紧张。

2000年12月11日，A厂正式向法院提起诉讼，要求得到赔偿，双方由此进入"ERP官司"阶段。

从这个失败案例中，我们不能去责怪Movex软件，它在应用A厂之前也有很多成功的案例，但为什么到了A厂就一团糟呢？系统是否能够成功，其实主要不在于软件本身，关键还是在于使用它的人，这个案例涉及软件提供方、实施方以及用户方，这三方应该都有逃不脱的责任，有效拒绝不合适的客户，也是供应商降低风险的一种能力。下列三个问题值得企业管理者思考：

（1）ERP实施成功的主要因素有哪些？

1)"一把手"工程。

2)优秀的项目团队（实施顾问的作用）。

3)分模块实施策略。

4)项目报告和沟通机制。

5)数据的准确性。

6)有效地引导客户（从旧的工作方式到新的转变）。

7)贯彻始终的培训。

（2）为什么ERP在有些企业招致失败？

1)高层领导缺乏应有的重视、期望和积极参与的态度。

2)不愿放弃业已习惯的工作方式。

3)数据不准确。

4)实施队伍组织得不好，用户缺乏主人翁的投入精神。

5)关键岗位人员调动。

6)计划不周，部门之间协调不好。

7)实施周期太长，员工失去了积极性。

8)培训不足。

（3）如何考察供应商？

1)业务水平（技术能力、管理水平），特别是行业知识。

2)成功案例。

3)产品功能及性能。

4)性价比。

5)流程再造和组织变革能力（咨询能力）。

6)质量管理和项目管理能力。

7)能否成为长期的战略伙伴。

8)稳定的实施团队（特别是将核心人员写入合同）。

9)公司规模、地理位置。

如图4-5所示，一边是传统的手工管理模式与手工业务处理流程，一边是计算机管理模式与计算机业务处理流程，如何将它们融合成符合企业特点的先进管理模式与人机合一的流程，就需要对传统的管理模式和流程进行改造，使其符合计算机的管理模式和流程。当然，计算机的管理模式和流程也要进行优化设置以符合企业特点，这样才能使两边合二为一，发挥出系统的最大效用。

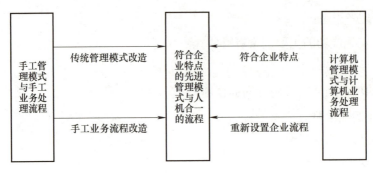

图 4-5　ERP 的实施

由此可以看出，ERP 实施的过程中，企业的流程优化改造是非常关键的工作。ERP 实施逻辑如图 4-6 所示。

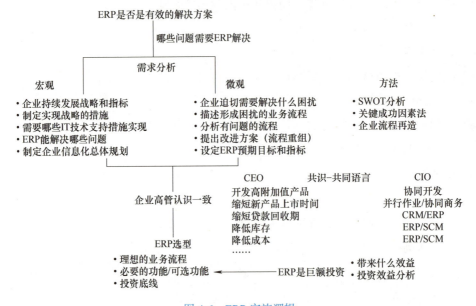

图 4-6　ERP 实施逻辑

在 ERP 实施应用过程中有三个重要的因素，按优先级排序如下：

1）人——高层领导和广大员工。很多项目的失败在很大程度上源于高层领导的不重视，进而使得项目实施过程中的问题解决流于形式，最终导致项目的失败。一个 ERP 项目的实施贯穿于企业的各个部门，因此需要广大员工积极参与，并全身心投入其中，这也需要领导者的引导和管理。

2）数据——物料主文件和库存记录、主生产计划、物料清单、工艺路线、工作中心。这些数据是支撑 ERP 得以成功运行的关键，数据是基础，没有正确的数据，会使系统运行混乱。

3）技术——计算机应用。ERP 的运行依赖于良好的网络和基础设施的架构，如何保证网络的安全和效率也是运营管理中的关键问题。计算机应用中的安全也是有层级的,分为物理安全、数据安全以及应用安全,而每个方面都要有相应的技术去支撑。如果我们的企业技术能力比较薄弱,或者欠缺这方面的人才,可以选择外部,当然这又涉及如何处理和外包商之间的关系,同样存在安全和效率的问题。

在实施过程中,如何有效消除员工对变革的抵触,这也是一个非常重要的问题。有经验的管理者往往从以下几个方面入手:

1)控制项目周期。一般将项目时间控制在 6 个月,时间太长会使员工身心疲惫,对项目失去信心和耐心。

2)沟通。沟通是解决问题的有效办法,面对问题一定要及时沟通,面对面解决。

3)加强培训和学习。培训和学习是提升员工素质和消除抵触情绪的非常有效的方式,培训应贯穿于项目实施的整个过程,有项目前的思想认识培训、项目中的流程优化培训、项目后使用指导培训等。

4)激励机制。理论上,项目从产生使用意愿到形成使用习惯应该是一个递进的过程;实际上,项目实施往往需要强制。因此,激励是必不可少的方式和方法,做得好就奖,做得不好就罚,在全单位形成一个良好的竞争和学习氛围。

因此,ERP 实施是一项管理改造工程,而非纯技术性的。成功的项目 = 3 分软件 +7 分实施 +12 分管理。成功的项目实施都以企业环境、文化为基础,以 IT/IS 为支撑,变革企业的组织架构和业务流程,从而实现企业战略。ERP 实施模型如图 4-7 所示。

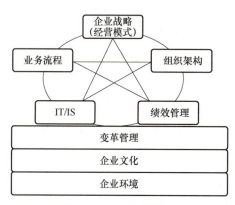

图 4-7　ERP 实施模型

4.3 供应链

4.3.1 引言

谈到供应链,就不免让人想起博弈论中的囚徒困境,两个囚徒之间的博弈效用矩阵如图 4-8 所示。若两人都抵赖,由于证据不足,各判 1 年;若一人坦白,另一人抵赖,坦白从宽，抗拒从严，坦白释放，抵赖判 8 年；如果都坦白，各判 5 年。假设人是理性的，从自身利益最大化考虑，最终选择的结果是（坦白，坦白），显然这样的选择效用和是 -10，小于（坦白，抵赖）效用和 -8，更小于（抵赖，抵赖）效用和 -2。因此，在整个产业链中，如果所有的个体从自身利益最大化考虑，博弈的结果肯定是两败俱伤，而最好的结果是大家形成联盟，达到整体利益的最大化。供应链即上下游之间的信用、合作、协议和联盟。

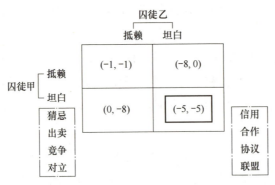

图 4-8　囚徒困境

囚徒困境反映了个人理性导致集体理性的缺失，但集体性质未定，集体利益的缺失对整个社会影响有积极和消极之分。当集体利益与社会利益相矛盾时，如两寡头之间、造假者和售假者之间的合作对双方是有利的，但违背社会整体利益，此时制度应设计成让博弈各方形成囚徒困境，阻止博弈双方的合作。当集体利益与社会利益相符时，如公共产品的提供问题上，应引入合理的激励奖惩机制等办法，设法摆脱囚徒困境。

例如，互联网服务供应商和客户需要达成在一段时间内的服务协议，由供应商决定服务质量的高低，假设规则如下：

1）若供应商提供高服务，客户购买的效用是（3，3）。
2）若供应商提供高服务，客户选择其他产品的效用是（-1，1）。
3）若供应商提供低服务，客户购买的效用是（4，0）。
4）若供应商提供低服务，客户选择其他产品的效用是（0，2）。

同样可以画出效用矩阵，如图 4-9 所示。

先来分析供应商的行为选择，若客户购买，则供应商提供低服务得到的效用大（4＞3），若客户选择其他产品，则供应商仍然提供低服务得到的效用大（0＞-1）；再来考虑客户的行为选择，若供应商提供高服务，客户购买的效用比选择其他产品的效用大（3＞1），若供应商提供低服务，客户选择其他产品的效用比购买效用大（2＞0），最终的共同结果是落在第四象项（供应商提供低服务，客户选择其他产品），这就陷入了囚徒困境，有什么方法可以实现共赢呢？一是通过补贴优质供应商，提高供应商提供高服务的效用；二

第4章 信息系统应用

是打击供应商提供假冒伪劣产品,降低供应商提供低服务的效用。这样可以实现市场的良性循环。

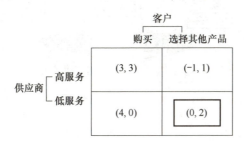

图 4-9 供应商－客户博弈矩阵

再如,考虑两个企业甲和乙的排污治理问题,政府如何管控,假设规则如下:

1)若企业甲和乙都进行排污治理,则甲和乙的效用是(1, 1)。
2)若甲治理,乙忽略治理,治理的成本上升,则甲和乙的效用是(-1, 3)。
3)若甲和乙都忽略排污治理,则甲和乙的效用是(2, 2)。

同样,可以通过效用矩阵来分析企业排污治理行为选择,政府通过激励和惩罚,可有效实现企业排污治理行为管控。

4.3.2 供应链结构

如图 4-10 所示,从供应链静态拓扑结构来看,供应链强调的是一个网络(企业、供应商、客户等)。随着市场竞争的激烈,企业逐步将自身核心业务之外的业务外包,而关注于自身的特长业务,上下游企业之间形成复杂的网络结构关系,从而使得企业与企业之间的竞争逐步转变为供应链与供应链之间的竞争。

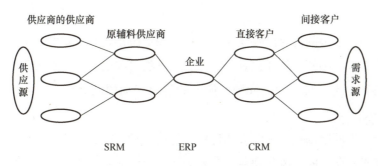

图 4-10 供应链静态拓扑结构

如图 4-11 所示,从供应链动态运行结构来看,供应链强调的是一个过程(对物流、信息流、订单流、商流、资金流进行协同计划、组织、协调及控制),旨在通过信息共享,实现整体供应链可视化、管理信息化、整体利益最大化、管理成本最小化,从而提高总体水平。用技术可以换取效率,信息共享后决策更科学。

65

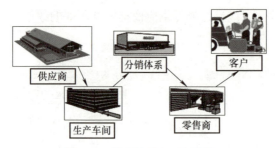

图 4-11 供应链动态运行结构

4.3.3 供应链问题

1. 订单履行流程与涟波效果

订单履行流程（Order Fulfillment Process，OFP）是指自最下游收到顾客订单开始，将顾客所订的产品交到顾客为止的流程，如图 4-12 所示。

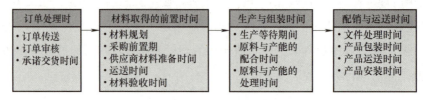

图 4-12 订单履行流程

OFP 上的涟波效果（Ripple Effect）是指供应链上某一活动的延误将造成整个供应链订单履行周期的延误，如同湖面上丢入一颗小石头泛起一圈圈的涟漪，扩散到整个湖面。这会造成停工待料、存货积压、订单履行周期较长、无法准时送达、缺货、顾客满意度低等问题。

2. 牛鞭效应

在供应链中，下游的订单产生变异时，越往中上游走，其订单数量的变异性越大。消费者对产品的需求有小幅度的变化时，零售商所下的订单变动幅度会大于消费者需求变动的幅度，而再往上走，批发商向配销商所下的订单变动幅度会更大。牛鞭效应如图 4-13 所示。

牛鞭效应发生的原因包括被夸大的订单、价格变动、前置时间、需求预测。牛鞭效应是供应链系统普遍存在的高风险现象，它直接加重了供应商的供应和库存风险，甚至扰乱生产商的计划安排与营销管理秩序，导致生产、供应、营销的混乱。

3. 供应链风险

近年来，供应链管理在全球范围内得到了广泛普及和应用，然而随着供应链系统范围越来越广，复杂程度越来越高，供应链脆弱性也在不断加剧。尤其近年来各种类型的突发事件频繁发生，更加加剧了供应链脆弱性的程度，无论是对供应链中的某一成员还是对整个供应链系统都会带来较大的影响或损失。

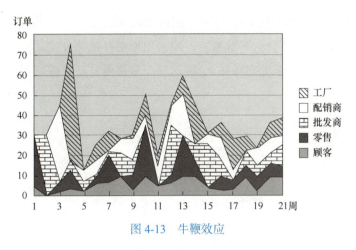

图 4-13　牛鞭效应

2008 年的三鹿奶粉事件，一方面使得消费者对国内奶粉、牛奶、酸奶等乳制品的信心不足，使得国产乳品产业市场异常萧条，如包括蒙牛、伊利等企业的销量在短期内急剧下降，而其上游鲜奶供应商更是损失惨重；另一方面，因此次事件的影响，让小家电中的豆浆机、果汁机等产品成了市场上的"香馍馍"。2014 年 7 月 20 日，麦当劳、肯德基等洋快餐供应商上海福喜食品公司（简称福喜）被曝使用过期劣质肉而被调查，使得以福喜为供应商的下游知名品牌麦当劳、肯德基等受到很大影响，受该事件影响，7 月 21 日肯德基母公司百胜集团股价大跌 4.25%，市值蒸发近 15 亿美元，而麦当劳则收跌 1.45%。这一事件还波及全国各地，一方面消费者数量在短时间内急剧减少，另一方面大量餐厅也陷入无餐可点的窘境。

从上述例子可以看出，当突发事件来临时，多数企业的正常业务受到较大干扰，造成的结果是市场需求量的巨大波动，或上游供应商原材料供应瞬间中断，或上下游信息传递扭曲等。当市场需求得不到满足时，往往导致消费者流失和企业利润的巨大损失；当市场需求急剧下降时，会导致生产过剩、产品滞销，进而造成产能浪费和营业额的降低，实际生产中，企业利润为库存买单的现象也非常普遍。下面几种方法可以用来有效应对供应链风险：

1）规避风险：停止全球化、缓冲库存、多元供应、本地采购、增加透明性（垂直整合）、增加客户数量（降低应收账款风险）等。

2）分担风险：收入分享合同、柔性合同、回购合同、价格折扣合同等。

3）接受风险：风险管理成本与风险损失之间权衡，如果投入风险管理的成本大于风险损失，那么不如接受风险。

4）及时响应：产品外包、转移生产线、寻求竞争对手的帮助、建立临时生产线等。

4.3.4 供应链渠道变革

传统的渠道架构假设如图 4-14 所示。在这样的架构下，上游代理商考虑运营成本，看中的是下游大客户，另外会向下游塞货，或采用价格补贴等方式，让下游多订货。由此形成四个层级渠道，需要 28 次交易和 28 次运输。零售商自己管理库存，导致上游代理商预测困难。

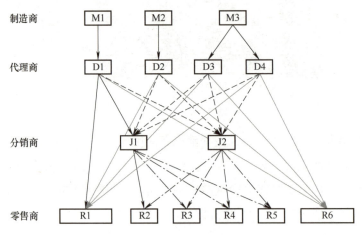

图 4-14 传统的渠道架构假设

现对该渠道进行变革，如图 4-15 所示。在这样的架构下，渠道减少为三个层级，交易和运输只需要九次即可完成。中间通路商大小客户"通吃"，可以为上游创造规模经济，代理多品牌，可以为下游创造范围经济。同时，通路商管理库存，使得管控能力增强，市场预测更加精准，库存周转效率提高。

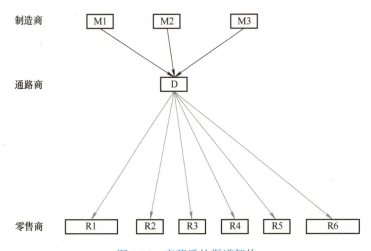

图 4-15 变革后的渠道架构

但对于通路商来说，也带来了新的挑战：库存如何管控、客户如何管理以及小客户成本等问题。解决这些问题，必然需要引入自动化库存管理、客户管理系统等。

4.4 电子商务

4.4.1 模式变革

大数据、云计算、物联网、移动商务、5G等技术的融合，成为推动变革的重要支撑和力量。IT每进入一个行业，都是按照"摩尔定律"推动技术和行业创新。面向未来，任何一个企业，如果没有建立起互联网思维，都可能会被淘汰。或者说，过去的成功只代表过去，所谓的"土豪"在新的互联网时代都将会遇到新的挑战。在这个变革中，很多企业将受到极大的冲击，甚至被淘汰。

几十年前，谁也没想到柯达会申请破产，诺基亚和黑莓也曾被视为科技创新的代言人，现如今诺基亚和黑莓纷纷被收购。苏宁在南京起步时曾被十大商场"围剿"，那时候，家电与IT行业还是分销，苏宁的创新做成了中国最大的连锁，"革"了分销的命。没想到只过了几年，连锁模式就被电商模式"革命"了。

有的被认为是传统企业，有的被称为是科技型企业，这些都不重要，重要的是产品创新和模式创新，这两者缺一不可。一旦创新跟不上，就会被时代所淘汰。

4.4.2 理解电子商务

什么是电子商务？淘宝，京东，拼多多？也是，也不是。B2C，B2B，O2O，P2P？也是，也不是。团购，快递，优惠券，App？也是，也不是。网上银行，手机银行？也是，也不是。这些都只是电子商务的一部分，是电子商务的一种体现形式。电子商务实际上就是一种方式、一种形式。手机改变了人们的联系方式，蒸汽机改变了人们的出行方式，电子商务改变的是人们的生活方式。当你在网购的时候，当你在团购美食、酒店、电影票的时候，当你在移动终端上进行转账的时候，电子商务就在你的身边。那么，电子商务是不是只包括线上的活动呢？显然不是，要使得该交易能够顺利完成，线下的生产、配送、物流等环节也必不可少。

电子商务是指客户通过网络进行的商品或服务的订购到收到商品或服务并进行评价的一系列活动的全称，电子商务可以分为B2B（如思科、Oracle）、B2C（如亚马逊、京东）、C2C（如淘宝）、C2B（如Priceline、携程）等模式。上述几种模式在实际运营中可能会忽略用户的体验，比如网购以次充好、图片与实物宣传不符、物流服务不到位等，因此出现了O2O，对线上线下全面整合。用户通过线上下单、线下消费，把在线支付变成线下体验后再付款，消除了传统电子商务模式下诸多用户不信任的问题，迎合了目前大众对生活多样化的需求，也为信誉良好的商家实现了更多的价值，必将带动整个产业生态重新洗牌，好的越好，差的越差，良好的口碑是企业赖以生存的基础。

4.4.3 电子商务系统架构

从电子商务平台的运营模式看，平台是客户提出需求到需求得到满足一系列活动的资源整合者，具体的核心业务包括运营、物流配送、账款结算以及盈利模式等。平台可以自营，也可以通过招商吸引第三方加盟，比如天猫、京东等电子商务平台。盈利模式主要包括自营销售收入、第三方平台使用费、商品类目服务佣金、资金沉淀收入、广告位收入、搜索竞价排名收入等，如图 4-16 所示。

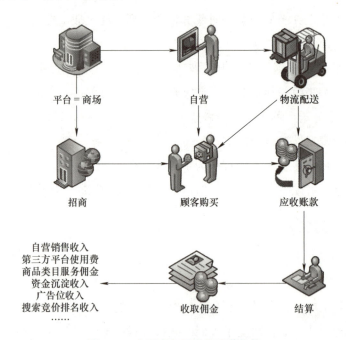

图 4-16　电子商务平台的运营架构

从电子商务平台的系统架构来看，主要有顾客销售系统、运营管理系统、物流配送系统以及财务管理系统，如图 4-17 所示。

顾客销售系统是最直观、基础的供用户在线购物的系统。用户可以在该系统中注册登录、选择商品下单、付款结账。该系统具有搜索引擎机制，从而保证用户能够快速找到想要的商品。运营管理系统是整个电子商务系统解决方案的核心，也是整个平台的数据中心，商品、用户、订单等三大主要角色均在这里聚集，并与其他系统进行串接和数据交换。物流配送系统具有收货、拣货分配、装箱、发货分配等功能，业务量达到一定程度，库存管理决定着整个库存体系的运营效率。财务管理系统具有顾客支付管理、供应商的往来资金结算以及成本利润的核算等功能。

第 4 章　信息系统应用

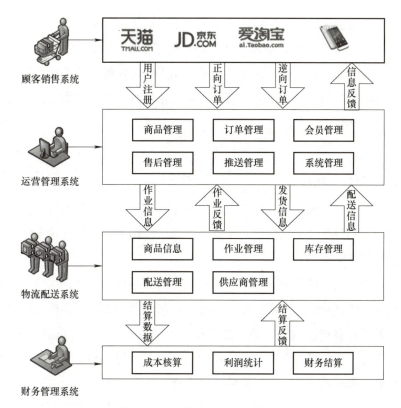

图 4-17　电子商务平台的系统架构

4.4.4　网络营销

1. Nau 的新奇销售模式

在美国，有一家新兴的户外服装专卖公司，名字叫 Nau，Nau 在毛利语里是"欢迎，请进"的意思。Nau 的领导们创造了一种全新的购物方式，即网络零售店，就是将网络营销与精品专卖店的概念相结合。像在其他服饰专卖店一样，顾客们可以选择直接购物，但是 Nau 的工作人员通常会劝导顾客在网上购买。具体表现是，Nau 在专卖店内安装了一个自助服务亭，顾客可以通过触摸屏实现网络购物。不仅如此，Nau 还鼓励顾客接受送货上门服务，这样不仅可以享受 10% 的折扣，并且还免费送货。

现在这家公司仍然存在，而且已经开了 200 家分店，资产也增长到了近 3 亿美元。这都要归功于这种新奇的销售模式。

2. 烤箱专卖店的营销模式

一家卖烤箱的专卖店在淘宝商城开了一家店，口碑非常不错，于是，小张也想买一款。正准备下单的时候，他看到一则图片提示：北京实体店与淘宝店价格一致，实体店欢迎您的光临。小张对比了一下，两者的价格确实一致。

71

正好那天下午没事,他们的实体店也不远,小张就决定过去看看。小张看上的那款烤箱在网上的售价大概五六百元,他却在实体店消费了1500元。为什么?因为买了烤箱之后,店员就开始为小张推荐,说什么样的模子是用来烤蛋糕的,什么样的模子是用来烤面包的,什么样的模子是用来烤饼干的。然后,店员还告诉小张要想烤出好吃的面包,要用从国外进口的天然材料。结果,在店员的一步步引导下,小张买了一整套的烤具和一大堆的材料。

3. 美加华卫浴的营销模式

美加华卫浴在开业十周年的时候开展了一个名为"3·15免费更换马桶"的十年客户征集活动。当时他们只瞄准了马桶的一个点——凡是使用美加华马桶达十年的客户,都可以免费更换一个新马桶。

在这次活动中,美加华卫浴运用了多种渠道进行营销推广。在网络营销渠道方面,他们在房地产论坛、建材论坛、社区论坛、博客、新闻网等处都做了推广,还进行了搜索引擎优化和问答营销;在传统营销方面,他们在建材城的外场进行了路演,还放置了空飘、拱门、横幅等广告,在内场布置了地贴、吊旗、气球门、样品贴、楼梯贴等,使顾客不论身处建材城哪里,都能看到美加华卫浴的活动信息。

虽然在整个活动中,只有一个客户成功更换了马桶,但是他们的推广目的已经达到了。当时,这个活动在整个卫浴圈里产生了非常大的影响。不仅如此,这个活动在很大程度上带动了美加华卫浴的整个市场,他们的当期收益整整增加了两倍。他们的品牌知名度在短期内得到了有效提升。

网络营销一方面需要思考网络营销定位问题,包括网络盈利模式定位、核心竞争力定位、目标客户定位、核心产品定位、品牌差异化定位等;另一方面需要思考网络营销运营中的若干问题,如网络安全、税收、商业信用、物流配送、人才储备、企业信息基础建设落后、缺乏推广和宣传等问题。

新零售是目前企业具有挑战性的智能化营销模式,以互联网为依托,通过运用大数据、人工智能等先进技术手段,对商品的生产、流通与销售过程进行升级改造,进而重塑业态结构与生态圈,并对线上服务、线下体验以及现代物流进行深度融合的零售新模式。

4.4.5 网络公关

网络公关是指企业在遇到某些危机时,在网络世界里采取适当的应急或弥补措施来度过危机,恢复社会的信任。目前网络环境缺乏诚信保障,网络舆情难以管控,如何规范网络行为是非常棘手的问题,我们必须正视网络舆论对企业营销、品牌的巨大影响力、颠覆力和推动力。下面以某企业瘦肉精事件① 为例思考如何进行网络公关。

2011年3·15晚会曝光某企业使用瘦肉精"健美猪"大行其道。3月15日，该集团应对举措略显举棋不定，集团副总经理表示，集团一直对瘦肉精有严格的管理和监测规定，不可能出现这样的事情，所以集团会严格核实，了解具体实情，并承诺给消费者一个交代。

3月16日，该集团发布官方声明，推翻了前一天"不可能出现这样的事情"的说法。声明称，"××食品有限公司是集团下属的子公司，对此事给消费者带来的困扰，集团深表歉意"。这意味着该集团官方承认了"健美猪"流入的事实。

3月24日以后，该集团一再表示不惜成本对生猪屠宰实施"瘦肉精"在线逐头检测，确保生猪100%全检，为广大客户提供安全放心的食品，并将每年的3月15日定为"集团食品安全日"。3月31日，该集团召开"万人职工道歉大会"，包括集团所有管理层、本部职工、经销商、部分新闻媒体等万人参加，该集团再次致歉并公布整顿举措。瘦肉精事件下架20多天后，区域经理为证明自己的东西没问题而现场大吃火腿肠。

不同行业、不同企业应对的方法可能各不相同，这里提出网络公关的几点处置原则，供大家参考。

1. 做诚信企业

诚信是企业存在和发展的基石。犯错误也许是管理问题，简单否认就是道德问题。"三鹿"品牌已经成为历史，当初因为面对"三聚氰胺"突发事件，企业没有在第一时间正确处置，而导致整个企业的失信。

2. 注重与媒体沟通

危机与猜测、事实相联系。面对媒体舆论，如果企业能在第一时间和媒体进行沟通，并及时发布事态发展进程以积极开展补救，就可能避免很多猜疑。

3. 积极迅速应对

现代媒体传播速度快，影响范围广，如果企业缺少时间概念，不能迅速应对突发事件，后果将会非常严重。

4. 设置公关部门，聘请专业公关人员

企业设置公关部门，收集各类媒体信息，对于某些问题，制定应急预案，预测可能的危机环节，并对一线员工进行培训。这样当突发事件发生时，一线员工迅速启动应急预案，就能在第一时间解决。

---

① 案例改编自 https://www.daodoc.com/fanwen/qitafanwen/442290.html，本案例中对有关名称、数据等做了必要的掩饰性处理。

4.5 案例思考：联强国际集团高科技产品配销的转型

联强国际集团是亚太地区最大 5C（Component，Computer，Communication，Consumer，Commercial）专业通路商，主要针对高科技产业供应链提供整合型服务。

联强国际集团的营运据点遍布全球 39 个国家及地区，形成以亚太为主轴，以美洲、印度两翼为辅的全球通路布局。

2017 年，联强国际集团全球合并营收为 800 亿元，为全球第三大、亚太第一大高科技通路商。联强国际集团销售的产品，横跨资讯、通信、消费性电子、元组件四大领域，提供客户多品牌、多产品与一次购足的便利。目前联强国际集团销售全球超过 300 个领导品牌，包括英特尔、微软、惠普等，产品品项高达 30000 项。联强国际集团总经理杜书伍打破常规，在当时推出了四项重要的行动方针：大小通吃、不塞货、不补差价、建立联强服务品牌。

1. 大小通吃

传统的渠道大家都不喜欢做小客户，因为做小客户的成本高，但联强国际集团的策略是大客户与小客户都做，把通路扁平化，过去小客户都是通过大客户拿货，成本非常高，这是一个重要的决策。另外，对于小客户，订货量小，传统的渠道代理的产品种类少，运输物流成本太高，联强国际集团通过代理多品牌种类降低运输成本。最后，对于小客户，每种产品的需求量小，但产品种类需求多，这样，小客户每种产品都买一点，单位产品运输物流成本就可以降低。这三个方面的交互搭配，使得联强国际集团在整个市场上完全改变传统的做法。

2. 不塞货

传统的信息商品主要经由原厂、代理商、大盘商、中盘商、小盘商到门市经销商，最后才到消费者手上。由于当时的利润颇为丰厚，从大盘商到小盘商皆有专属业务员，而销售方式为业务员推广行销。由于是业务员推广行销，因此很容易造成业务员需要业绩时而强力塞货给下游，导致商品堆积库存。早期由于信息商品的更新速度不快，因此许多商家愿意通过以量制价的方式来向业务员采购。随着信息商品的普及与快速更新，堆货衍生出来的问题不只是库存增加、滞销，最后甚至沦为"古董"。

杜书伍提出了池塘理论：由于经销商规模通常不大，因此尽可能地使经销商不要有太多库存，库存分散在众多的经销商手上，就像是许许多多的小池塘一般，每个小池塘都储存一点水，但往往有些池塘已经干了，有些池塘的水却溢出来了。通路商若能扮演起大池塘的角色，将所有的水统一放在大池塘里，并且建立一套机制，根据每个小池塘的需要以最快速的方式供应，如此才能做到货畅其流。所以在池塘理论下，需要拥有较强的库存供货能力，联强国际集团管控着 3 万项存货。

3. 不补差价

传统供应链层级较多，越接近市场，经销商越多，对市场需求的预测越困难。供需不平衡一直是市场上令人头疼的问题，过去行业中有个传统的习惯，即为了减轻由于塞货造成的经销商库存压力或价格变动引起的损失，往往采用价格补贴的形式，通过补差价来引导下游多买一点。这样，塞货最终还是回到了自己身上，联强国际集团改变了传统的做法，一直坚持不塞货，通过大池塘全面掌握市场需求和库存，提供精准的预测数字给供应商。

4. 建立联强服务品牌

联强国际集团在代理的产品上额外贴上联强国际集团的标志。在配送上，联强国际集团让经销商在半天之内即可获得商品，过去从经销商订货到仓库出货，快则两天，慢则一星期，原因是当时的物流落后，有许多区域物流无法天天送达。联强国际集团推出了自有物流车队后，让所有的商品能在区域内半天送达，也就是"早上订货，下午到货"，让其他通路商望尘莫及。联强国际集团在配送的区域内建立起了自己的物流机制，进而展开了强化销售服务的策略，通过全省的经销商，推出了"四个半天"（即"今晚送修，后天取件"）的维修服务保证，通过自有物流车队，即时掌握经销商报修的时间，将送修商品快速地送到维修站，并且维修完毕后可以很快回到经销商手上。

问题：

（1）联强国际集团是个什么样的企业？

（2）你如何理解电子产品配销业的三个传统实务操作（专注大客户、追求销量、库存价格补贴）？

（3）联强国际集团脱离这些传统做法的理由是什么？他们的非传统操作的经济学解释是什么？

第 5 章
基于信息系统的企业变革管理

信息系统的应用为企业运营、管理和战略实现提供了重要支撑，但企业的成功不是用信息技术使传统做生意的方式机械化（自动化），如果不在企业组织和流程上进行变革，信息系统也许不是利器，而是包袱。

5.1 信息系统的价值

20世纪80年代，花旗银行研究市场发现农村市场没有营业网点介入。如果将营业网点设到农村，那里人员稀少，运营成本较高，怎么办呢？花旗银行管理层想是否可以放一个终端到农村去，那时还没有ATM（自助取款机）。当时IT技术不发达，存款功能实际上到2000年后才有，这里涉及很多技术问题，比如识别技术、扫描技术、辨别真伪技术等。花旗银行就在农村网点放一个固定的箱子，农民把钱用信封装好，写上账号、姓名和钱款数额，过两天就可以到账了。这里必然带来一个新的问题，如何保证客户信封里的钱和写的是一致的，花旗银行给每一个客户建立了诚信档案，如果某个人不诚信，将会被写入黑名单。有了诚信档案，其他银行需要查某个人的信用，就得向花旗银行支付服务费。花旗银行是第一家正式做个人信用档案系统的企业，建立了自己的市场竞争地位。

快递跟踪管理系统现已在物流行业得到普及，其核心是客户关系管理理念的落地。它是一种通过信息技术实现对快递货物运输过程进行监控和管理的系统。该系统利用物流信息系统，通过物流跟踪、计算机网络等技术手段，实现对包裹的各阶段的状态进行跟踪，包括进入物流系统的时间、运输途中的轨迹、到达目的地的时间等，同时提供一些有用的货物运输信息，如货物收发信息、物流查询、运单管理等，用户可以随时通过手机、计算机等终端了解自己货物的最新状态和位置，方便及时进行物流计划和调整管理。通过加强货物跟踪和管理，该系统可以提高货物运输的效率和速度，提高货物的安全性和可靠性，对于快递公司和收发货人都有极大的便利性和价值，极大提升客户满意度。

第 5 章 基于信息系统的企业变革管理

戴尔（Dell）是一家总部位于美国德克萨斯州朗德罗克的企业，由迈克尔·戴尔于1984年创立。戴尔以生产、设计、销售家用以及办公室计算机而闻名，同时涉足高端计算机市场，生产与销售服务器、数据储存设备、网络设备等。如图 5-1 所示，戴尔靠虚拟化的运营模式，整合资源，客户遍及全世界。其背后的支撑是通过信息系统的使用，实现了订单接收、分配、核算的全流程，显然，戴尔是一家实实在在的信息处理公司，成为整个供应链中的资源整合者。如果谁要想成为戴尔的供应商，就要符合戴尔的供应商体系要求，戴尔又变成了名副其实的培训公司。供应商的产品质量要符合戴尔的要求，需要戴尔深入供应商内部参加质量控制管理，戴尔又变成了质量管理公司。

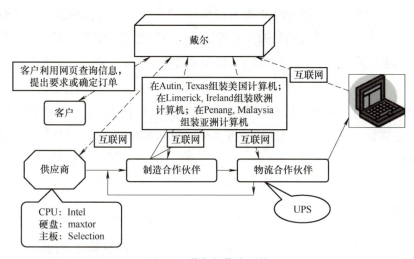

图 5-1 戴尔的信息系统

因此，谁具有竞争优势，谁就成为整个产业链中的领导者，谁就有话语权和制定规则的权利，而信息系统的应用是关键。信息系统的战略价值表现在以下几个方面：

1）提高运营效率。UPS在货车上装有传感器、无线适配器和GPS，通过和公司系统的连接，方便了公司监督管理员工并优化线路，最佳行车路径在一定程度上是根据过去的行车经验总结而来的。2011年，UPS的驾驶员们少跑了近4828万km的路程，节省了300万gal⊖的燃料并且减少了3万t的二氧化碳排放量，还设计了尽量少左转弯的路线，减少事故和油耗。UPS利用信息技术提高了运营效率，降低了运营成本，提高了产品或服务的质量。

2）创新产品和服务。日本先进工业研究所的教授研究了关于一个人的坐姿，这个坐姿研究能产生什么商业价值？它可以用来识别乘坐人的身份。当一个人坐着的时候，他的身形、姿势和重量分布都可以量化，通过在汽车座椅下部安装传感器以测量人对椅子的影响，识别出乘坐者的身份，准确率达到98%。利用信息技术可以提供新产品、新服务，甚

⊖ 1gal = 3.785dm³。

至可以用 IT 发展新市场、商业和企业联盟。

3) 促进管理创新。沃尔玛是世界最大的零售商，拥有超过 200 万的员工，销售额约 4500 亿美元，比大多数国家的 GDP 还多，在 20 世纪 90 年代，零售系统通过把每一个产品记录为数据而彻底改变了零售行业，沃尔玛可以让供应商监控销售速率、数据以及存货情况，沃尔玛通过打造透明度来强制供应商管理好自己的库存。2004 年，沃尔玛对历史交易记录进行观察，发现每当季节性飓风来临之前，不仅手电筒的销售量增加了，而且蛋挞（早餐零食）的销售量也增加了，因此，当季节性飓风来临时，沃尔玛会把库存的蛋挞放在靠近飓风用品的位置，以方便行色匆匆的顾客拿取从而增加销售量。

4) 建立战略 IT 资源。Facebook 拥有超全球 10 亿用户，他们通过上千亿的朋友关系网相互连接，这个巨大的社交网络的关系和活动在数据化之后都为一家公司所掌控，其商业价值难以估量。利用信息技术建立内部和外部战略信息库，进行收集和分析信息，并从 IT 的运行中发现杠杆投资并应用于战略。

5) 其他 IT 战略。花旗银行与客户内部 ERP 系统相连，为全球机构客户提供一站式服务，从而建立企业间的 IS，创造切换成本以稳定顾客和供应商，利用 IT 投资对外部进入者设置障碍。

5.2 企业中的组织结构

企业组织单元是如何形成的？关注企业目标的分解，回答需要"做什么"这个问题，把相类似的任务组织在一个单元中，形成组织单元，如图 5-2 所示。

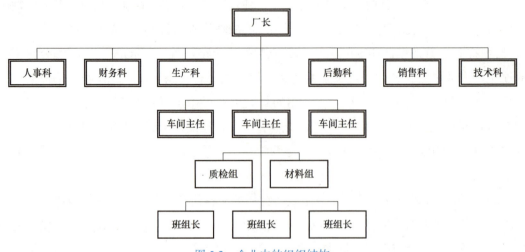

图 5-2　企业中的组织结构

笔者在给 MBA 授课的过程中，曾经让学员思考并描绘出他们的组织结构，几乎清一色地画出图 5-3 所示的组织结构。

第5章 基于信息系统的企业变革管理

这就是传统的垂直组织观,往往是先设立组织,然后再讨论流程。这种科层式的垂直结构在特定的历史时期发挥了组织的重要作用,因为在这种组织结构下,分工更为明确,大家各负其责,完成分内的事情。但随着组织和业务量的增长,问题也出现了,就像这种条块分割的组织结构无形中就像被一个筒仓罩住,这种筒仓文化迫使管理层去解决基层的、低级的问题,而重要的是,关注客户和竞争对手的宝贵时间被大量挤占。那些本可以现场解决问题的基层人员没资格也无法为结果负责,觉得自己不过是个执行者和报信者而已。这还不是最糟糕的,更有甚者,各部门的领导者还经常各执一词、争执不休,让跨职能的问题久悬不决。在这个时候,经常会听到事情"被卡在石缝里了"和"被吸到黑洞里了"的说法。

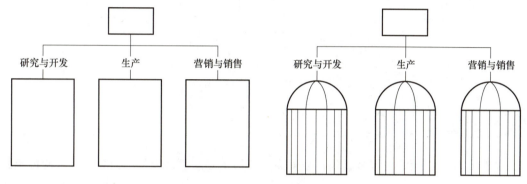

图 5-3　传统的组织结构

另外,在这样的筒仓结构中,我们没有看到产品或服务,没有看到客户,以及没有看到整个工作的流转过程,即做什么?为谁做?怎么做?这几个问题都不清楚,怎么能提高管理水平?

如何改变组织结构,将垂直的组织观改为水平的组织观,将外界客户和供应商包含进来,以系统化的思想来管理组织,形成图 5-4 所示的结构。

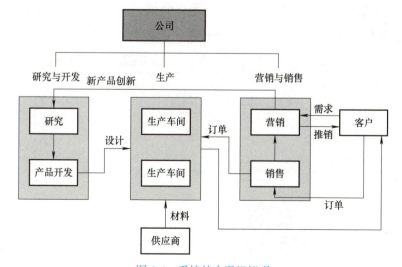

图 5-4　系统的水平组织观

在这样的组织结构下,按流程来建立组织,将每个流程看作一个项目,由项目经理来负责,有效消除"真空地带",并以客户服务为中心,将合适的员工安排在最能发挥其能力的岗位,改变薪酬考核办法,发挥每个岗位的主动性。

信息系统在一个组织中的作用和功能,如图 5-5 所示,它将组织中的多个部门打通,从原来的管理者角色变成了流程执行的支撑部门,从而提高了效率和客户满意度。

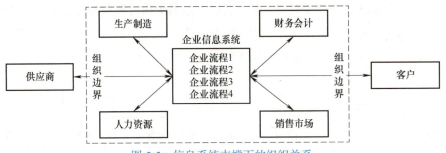

图 5-5　信息系统支撑下的组织关系

5.3　BPR

对信息技术方面的投资收益往往令人失望的最重要的原因就是公司只用技术使传统做生意的方式机械化(自动化),而对现有的工作流程不做任何改变,计算机充其量只是使它运行得更快。

——BPR 的提出者 Michael Hammer

如图 5-6 所示,某银行信贷在系统上线前,需要经过从业务人员到核准主管六个环节,而通过信息系统的使用,只需一个服务专员就可以完成整个业务。原来需要六个人,现在只需一个人;原来需要两个星期完成该业务,现在只需要半天。显然,系统上线的过程不仅仅是使得传统方式机械化(自动化),更多的是一个流程和组织变革的过程。请读者思考,信息系统上线过程中,需要对该银行哪些方面做出调整?

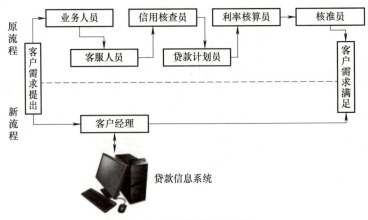

图 5-6　银行信贷流程比较

5.3.1 什么是 BPR

业务流程重组（Business Process Reengineering，BPR）就是对企业的业务流程（Process）进行根本性（Fundamental）再思考和彻底性（Radical）再设计，从而获得在成本、质量、服务和速度等方面业绩的戏剧性（Dramatic）改善。

《牛津英语大词典》对过程的定义是：一系列连续有规律的行动，这些行动以确定的方式发生或执行，导致特定结果的实现。一般的，过程是由一系列单独的任务组成的，使一个输入变成输出的全过程。比如商场购物，进入商场—挑选商品—开票—付款—提货—离开商场，这就是一个业务过程。

企业业务过程是指企业为了实现一定的业务目标而执行的一系列逻辑相关的活动的集合，如图 5-7 所示。

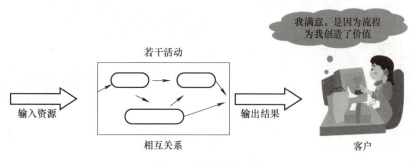

图 5-7 企业业务过程

业务过程即业务流程，为顾客创造价值的活动集合。业务过程的输出可以是能够满足顾客或市场需要的产品，也可以是特定的服务。这里需要指出的是，在组织中，流程为顾客创造价值，而不是组织为顾客创造价值，因此应该以顾客为导向，对关键流程（不是岗位或个人）建立绩效指标。企业的绩效取决于其业务流程的设计和协调情况，如果一企业比竞争对手更富于创新和更好地执行业务流程，业务流程可能就成为竞争优势的源泉，否则也可能成为企业的负担。

5.3.2 如何进行 BPR

流程优化核心任务：去除不增值环节，增加和保留增值环节。什么叫增值？增加了此环节，客户愿意多付费。四类不增值环节/活动如下：

1）检查：质检、复核、审批、签字。美国质量管理大师戴明的经典名言：质量是生产出来的，不是检验出来的。

2）输送：单据传递。

3）耽搁：排队、等候、寻找。

4）存储：库存。

下面我们来看个例子。某企业从接收客户订单到采购、入库和配送的完整过程如图5-8所示，你能分析出哪些环节是不增值环节吗？如何解决？

在流程优化中，我们往往需要一层一层地去解决问题，进行多次优化。先进行一次优化，从图5-8可以看出：接单和订单处理之间有延迟、订单处理和检查库存不能同时进行、经理发出订单和供应商订单确认之间有延迟、入库和确认发货之间是否需要例会通知、通知发货和接收发货之间有延迟。这些活动实际上就是不增值环节，需要进行优化。优化后的流程如图5-9所示。

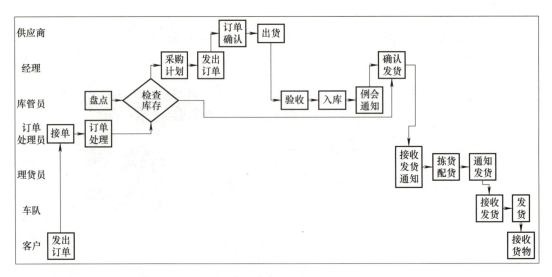

图5-8 采购配送流程（1）

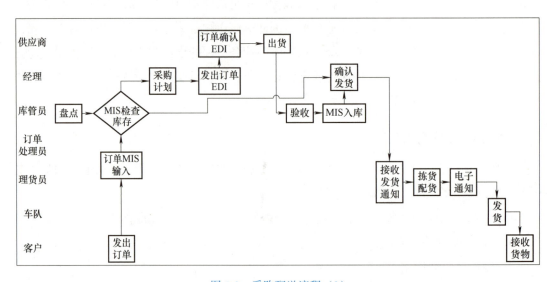

图5-9 采购配送流程（2）

在图 5-9 中，通过订单 MIS（管理信息系统）输入实现了和 MIS 检查库存的同步，通过 EDI（电子数据交换）实现了发出订单和订单确认的同步，通过 MIS 取消了例会通知，通过电子通知解决了通知发货和接收发货之间的延迟。这是不是最优的呢？读者可以想一想，该流程是否还需要进行二次优化？

经过细致分析，你会发现，这里存在人员冗余的情况，订单处理员和经理实际上可以合并成为流程经理，并对该流程进行总负责，货物如果能直接通知客户收货将大大节省库存成本。经过二次优化，流程如图 5-10 所示。

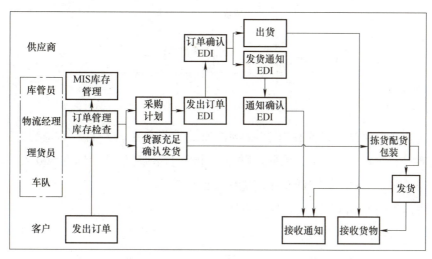

图 5-10　采购配送流程（3）

再来看福特的经典案例：福特是美国三大汽车巨头之一，但是到了 20 世纪 80 年代，福特像许多美国大企业一样面临着日本竞争对手的挑战，因而计划削减管理费用和各种行政开支。位于北美的福特 2/3 的汽车部件需要从外部供应商购进，为此需要有相当多的雇员从事应付账款管理工作。在进行业务员流程重组之前，福特的应付账款部门员工约有 500 人。最初，管理人员计划通过业务员处理程序合理化和应用计算机系统，将员工裁减到最多不超过 400 人，实际裁员约 20%。日本马自达汽车公司是福特占有 22% 股份的公司，在马自达汽车公司做同样工作的人只有 5 个人。尽管两个公司在规模上存在一定的差距，但 5∶500 的差距让福特震惊了。为此，福特决定对其公司与应付账款部门相关的整个业务流程进行彻底重组。

采购流程描述如下：

1）采购部发订单给供应商，同时将订单的副本交给财务会计部。

2）供应商把货物运到公司，同时供应商也开出发票，送交财务会计部。

3）验收单位（仓库）便会将有关验收的情形，详细登记在验收单上，接着将验收单转交财务会计部。

4)财务会计部便有了三种有关货物的文件:订单、验收单和发票。如果三者一致,则付款,否则就调查,写出报告,送交有关部门。

用流程图描述福特采购流程,如图 5-11 所示。

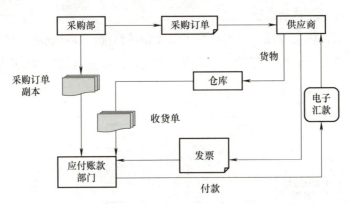

图 5-11　福特采购流程(1)

一个采购订单明细项目往往有 30 多项,如果要把这 30 多项都核对清楚,三单一致,财务会计部门的任务非常繁重。因此,财务会计部门在流程优化前约有 500 人,成本相当高,工作经常需要协调,效率低。如何优化流程呢?

福特决定采用 FordNet 系统,通过系统的使用,将采购订单输入中央数据库,仓库收到货后直接在系统中确认提交,财务会计部门直接通过系统找到供应商编码和应付账款,电子付款。该系统的使用将财务会计部门的工作效率大大提高,省时省力。优化后的流程如图 5-12 所示。

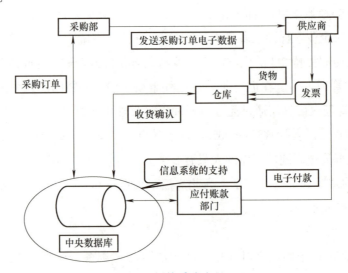

图 5-12　福特采购流程(2)

通过上述案例可以理解企业管理信息化是企业利用现代信息系统不断解决企业面临的挑战和问题,从而形成符合企业战略、可持续保持竞争能力的过程。企业管理信息化的过程是业务流程重组或改善的过程，企业信息化的过程更是管理变革和变革管理的过程。

5.3.3 BPR 实施

可以将 BPR 的实施结构设想成一种多层次的立体形式，即整个 BPR 实施体系由观念重组、流程重组和组织重组三个层次构成，其中以流程重组为主导，而每个层次内部又有各自相应的步骤过程，各层次也交织着彼此作用的关联关系。BPR 实施的层次如图 5-13 所示。

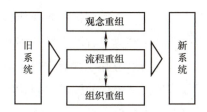

图 5-13　BPR 实施的层次

BPR 实施的步骤为队伍组建、调研诊断、流程解析、创意思考、建模仿真、绩效评估和实施运转等，如图 5-14 所示。

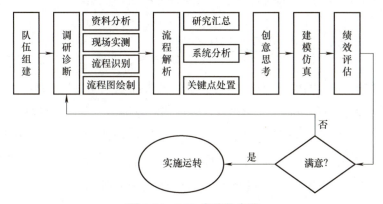

图 5-14　BPR 实施的步骤

BPR 首要的也是最关键的一步，就是队伍组建，队伍的整体水平决定了重组行动的成败。队伍包括领导者、流程负责人、重组小组、指导委员会、重组总监。领导者负责授权并推动整个重组过程的一名企业的资深高级管理者；流程负责人负责一个特定流程，并专注于重组的经理人员；重组小组投身于某一特定流程重组，他们负责分析、诊断现有的流程，制定新流程的设计方案，并监督新方案的实施；指导委员会由一些高级管理者组成，他们负责制定重组流程的整体战略，监督重组的进程；重组总监是一名高级管理者，负责全公司重组技术和方案的开发，并对公司各重组项目进行协调。

BPR 实施中较关键的步骤是流程识别，并为不同的流程命名。流程是企业的工作方式，不同部门之间通过合作共同完成的工作就是一种流程。

企业信息化管理与创新

流程识别后，通过图形的方式，直观地表达企业各流程的活动关系，以及不同的流程之间的关系，即流程图绘制。这样，在进行流程重组时，我们就可以方便地识别出关键问题所在，在讨论流程时，有了共同的话题。

流程解析即对流程的认识，结合顾客需求以及行业发展趋势，从绩效、重要性以及可落实性等方面进行分析和理解。

创意思考可以有三种方法：测定基准法（Bench Marking）、零基思考（Zero Thinking）和价值链分析法（Value Chain Analysis）。测定基准法，即设定测定指标，以便与其他公司进行比较，但应注意不要拘泥于同行业，选择最优的企业作为调查对象，确认基准点公司为什么会有如此成果，比较自己的公司和竞争者的差异；零基思考，即忽略现有流程的存在，而从所期望达到的目标出发，重新思考并设计流程；价值链分析法，即分析企业的流程及流程中的活动对价值的贡献，如果某流程的输出对企业的输出不是增值的，或者某活动对流程的输出不是增值的，那么这个流程或活动就应该被删除。

实施运转是整个流程的最后一个环节，流程优化是不是成功，关键看运转效果如何。因此，必须详细定义新的任务角色，详细描述业务流程；必要时需要开发或引入支撑系统（如 ERP、CRM、SCM）；详细制订沟通、实施方案和培训计划。

5.4 案例思考：海尔集团组织变革

海尔集团的前身是由两个集体小厂合并成立的青岛电冰箱总厂。1984 年 10 月 23 日，青岛电冰箱总厂和德国利勃海尔公司签约，引进当时亚洲第一条四星级电冰箱生产线。

1984 年 12 月 26 日，被任命为新厂长的张瑞敏带领他的新领导班子来到青岛电冰箱总厂。当时电冰箱总厂已负债 147 万元，产品滞销，人心涣散，企业经营非常困难，连员工的工资都不能正常支付。1985 年春节，张瑞敏到处借钱支付员工工资，渡过了难关。

如今的海尔已不再是当年破烂不堪的电冰箱小厂，在张瑞敏的带领下，海尔从负债 147 万元到"全球白色家电第一品牌"。

2021 年 3 月 28 日，在中国制造强国论坛会上，张瑞敏指出："我认为没有成功的企业，只有时代的企业。一个在现代的成功的企业，必须有自己进化的道路，而不能故步自封。进化就是与时俱进，在时代的潮流中变革自己；所谓故步自封，就是没有进取的思想和逻辑，无法用曾经的成功的经历来引领现在的状态。"这段演讲惊醒了在场的很多人。

1985 年海尔电冰箱总厂厂长张瑞敏带头砸毁 76 台不合格冰箱用的大锤，至今被中国国家博物馆收藏为国家文物，如图 5-15 所示。

⊖ 资料来源：郭润萍，韩梦圆，邵婷婷．海尔集团：创业生态下的数字化转型之旅．中国管理案例共享中心，有修改．

第 5 章　基于信息系统的企业变革管理

图 5-15　海尔大锤

2005 年，张瑞敏首次提出"人单合一"，人就是员工，单就是用户需求，该模式基于互联网经济思维，将员工和用户两大要素视为价值创造中心，目的是让每一个员工定位其目标用户与市场需求。从此这一理念成为海尔管理理念的核心。人单合一使员工升级成为创客，直接对接用户，围绕用户需求进行创新创业，管理者为员工提供其创新创业所需的资源。人单合一的管理模式使海尔在品牌全球化的过程中始终保持初心，在面对不同国家不同文化不同企业的管理方式中实现了求同存异，做到了以海尔人的本土化创造全球本土化品牌。

在组织结构上，海尔将 80000 多名员工分解成了 2000 多个经营主体，其中最大的有数百人，最小的只有 7 人，让员工成为真正的经营者。从传统的正三角转变为倒三角结构，一线员工不再需要越过层层级别接触用户，反馈用户需求，而是通过与用户零距离直接交互，自觉自主发掘用户需求，并及时做出相应反馈，管理层由原来的指挥所变成资源的提供者，组织内部协同实现零距离，共同创造用户资源。

为推动 2000 多个自主经营体的运行，海尔设计了以战略损益表、日清表、人单酬表为核心的核算及评价机制。第一张表明确创造用户价值的正确方向，第二张表精确到任务完成的流程时效，而第三张表就是员工和自主经营体自我经营的最终结果，直接决定了自主经营体员工的薪酬。这三张表构成了海尔员工价值创造的流程保障体系。

从 2019 年开始，海尔集团开始逐步布局生态品牌，其突破的不仅是传统企业的自身边界，还有其行业内的相关束缚。张瑞敏认为企业的发展已经进入了用户资源时代，以产品为中心，建立一个个用户社群，以此促进产品的迭代，同时创造新的价值。

海尔集团多个行业创造了新生态，其中包括衣联网、食联网等。同时，海尔也从产品的制造转向场景的构建。卡奥斯平台、尔智家等都是海尔生态品牌战略阶段成果的最佳体现。2019 年，海尔集团利用其打造的新行业生态品牌成功登榜了 BrandZ 的全球最具价值品牌前百强。当前海尔有平台和小微组织，平台一方面为小微组织提供开放的资源支持；另一方面通过开放地吸引资源，快速地聚散资源，使海尔平台生态更丰富，从而吸引更多的小微组织到平台创业，快速变现价值，使相关方利益最大化。海尔"支持平台＋小微组织"结构如图 5-16 所示。

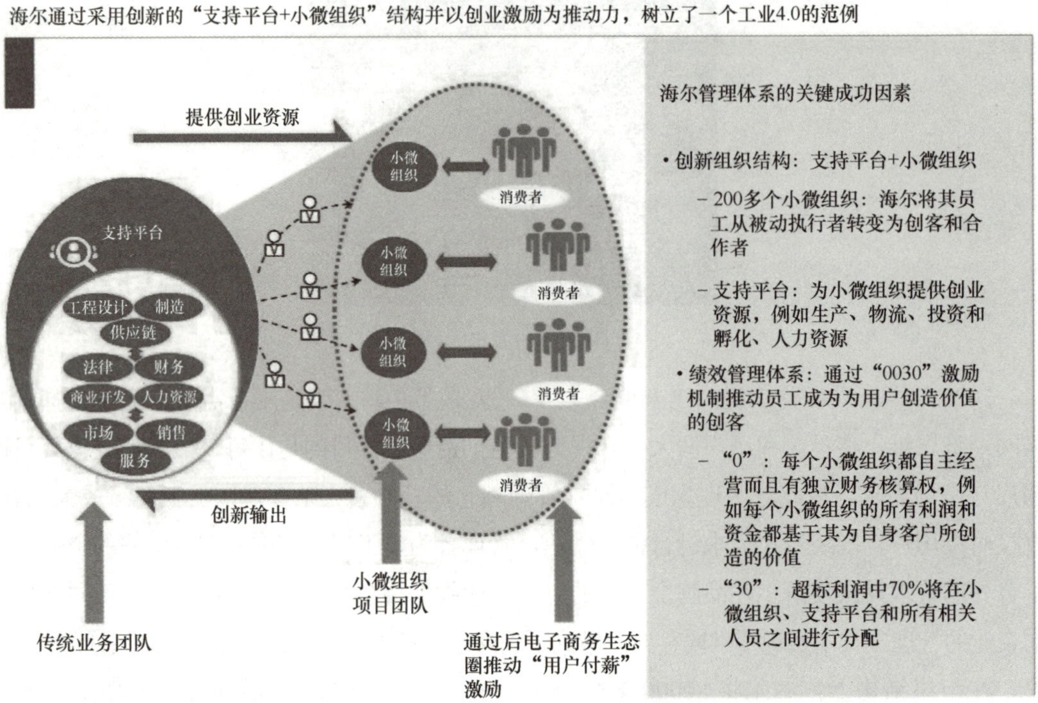

图 5-16　海尔"支持平台＋小微组织"结构

平台上只有三类人：第一类是"平台主"，就是为小微组织提供创业资源支持，其价值体现在有多少成功的创业团队；第二类叫"小微主"，是经营小微组织、直接创造全流程用户最佳体验，直接创造用户价值；第三类是创客。如图 5-16 所示，海尔有 200 多个小微组织，小微组织的薪酬取决于员工为用户创造的价值，超出部分可以分享，通过"0030"激励机制推动组织运行。"0030"即 0 基薪、0 费用、30% 风险基金。0 基薪：如果创造不了用户价值，员工就没有津贴；0 费用：如果没有现金流，员工出差，企业不会出钱；30% 风险基金：员工分享的价值不管大小，必须留下 30% 作为下一期风险基金。

例如：高校内的公用洗衣机大多以刷卡或投币为主，学生经常面临洗衣扎堆、排不上队、洗衣先办卡等问题。有创客团队开发了海尔洗衣 App，海尔洗衣采用智能洗衣机 +App 模式，学生可以在线查看洗衣机状态并预约，在线操作洗衣机并且完成支付。对于学生而言，洗衣更便捷；对于运营商而言，提高了洗衣机的使用效率，洗衣机空缺状态时，就会有学生预约，增加了收益。该项目利用定制的商用智能洗衣机 +App，切入大学生洗衣市场，然而他们的目标不是卖洗衣机，而是经营大学生这种人群。据了解，当前高校自助洗衣终端服务了大约 4300 万名大学生，80% 的 "90 后" 大学生都有机洗需求，仅洗衣市场的规模就有 12 亿元。海尔洗衣就是靠智能商用洗衣机赢得大学生们的青睐，继而靠高频刚需的 App，建立游戏、金融、创业孵化等校园生态。

问题：

（1）海尔是如何利用数字化转型推动组织变革的？

（2）海尔数字化过程能够为传统企业进行数字化转型提供哪些经验？

第 6 章
IT 与创新

6.1 信息技术与信息管理

6.1.1 从 IT 术语谈起

IT（Information Technology）是一个宽泛的概念，既包含硬件技术，也包括软件技术，甚至是一种管理企业的理念。例如：ERP（Enterprise Resource Planning）是对企业软硬件资源进行有效管理的软件，更是一种企业管理的思想；MRP（Manufacturing Resource Planning）是 ERP 的核心，以物料需求计划为中心，而展开的时间和数量上的联动；CRM（Customer Relationship Management）即客户关系管理，是以客户为中心的管理思想集成；BI（Business Intelligence）是以数据仓库为基础，通过数据挖掘技术而进行的商业模型分析，在当前环境下，逐渐成为一种主流，在各行各业中正在不断发展和应用；E-Business 是 IBM 提出的一种商业理念电子商务，它不仅包括线上的电子交易（E-Commerce），还包括线下的仓储物流配送等环节；Cloud Computing（云计算）也是当前流行的热点概念，使用 IT 资源也要像使用水、电、煤气一样，按照使用量来收费，这为中小企业发展带来了优势，使得中小企业也可以和大企业在同一个平台上竞争；SCM（Supply Chain Management）即供应链管理，是企业与企业之间结成联盟的主要手段，也使得当前企业之间的竞争逐渐转变为供应链之间的竞争，但如何提高供应链之间的有效集成，并能够有效控制风险是当前供应链管理面临的主要问题；BPR（Business Process Reengineering）即企业流程再造，是当前 IT 应用中的热点和难点，IT 上线的过程更是企业流程再造的过程，否则企业信息化并不能为企业带来实质性的变化。诸如此类 IT，我们可以列举出很多。

信息时代，IT 在不断发展和变化，新的管理思想和理念也在不断进步。在实际中，往往先有新的思想和理念，然后出现相应的技术，催生了一批产业，又在应用中不断探索，发现新的需求，又出现了新的思想和理念，如此循环进行，不断地动态演化。

人类生产方式从工业时代向信息时代迈进的过程中，人们的意识形态也在发生着变化。过去是被动接受、灌输的方式，现在更强调自我价值的实现，希望能得到别人的尊重，所以要积极参与、互动和表达，这就是社会意识形态的转变，也体现了人们在追求物

第 6 章　IT 与创新

质层次方面得到满足后，正在向追求精神层次方面迈进。那么，企业的生产方式和经营管理是否也该到了为适应这种意识形态而做出转变和调整的时候了呢？

6.1.2　信息技术的层次性

信息技术的应用在实践活动中具有一定的层次性，不同的企业在不同的发展阶段对信息技术的需求是不一样的。

第一层次主要是技术本身，随着社会需求的上升，硬件和技术标准也在不断提高，比如，HTML 标准已经上升为 HTML5 标准，使网络标准达到符合当代的需求，为桌面和移动平台带来无缝衔接的丰富内容，如计算机、Windows 视窗软件、因特网、万维网等。

第二层次是管理系统，以业务为驱动，具有管理功能，如 OA 能使企业内部人员方便快捷地共享信息，高效地协同工作；ERP 可以对企业软硬件资源进行集成管理，以提高资源的有效利用。

第三层次是流程管理与变革，在投入信息系统过程中，人们逐渐发现 IT 投入越多，产能越少，产生了 IT 悖论，因此要注重效率，明确目标，从而产生流程重组。以教学为例，首先明确学习目的，然后对教学内容进行调整，使效率得到提高，以问题导向学习，这就是对流程的改造。若要提高效率，做事的方式就需要改变。

第四层次是模式创新，企业的成功不是仅仅因为系统、功能和流程，更多在于理念的创新。例如，淘宝的成功在于支付宝和诚信评价体系——淘宝旺旺，它们实际上是一种理念的创新。CRM 强调以客户为中心的理念，知识管理强调如何将员工的知识转化为企业知识的理念。

各层次虽具有逻辑上的划分，但它们之间又是相互联系的，功能需要技术来实现，流程变革、理念创新也需要系统的支撑，如在办公自动化之前，首先要对办公流程进行梳理和设计，然后进行系统设计，通过信息化来实现该流程的完成。因此，业务流程管理强调对企业经营活动进行合理配置，虽然条条大路通罗马，但有的路远，有的路近，首先要找到适合自己的最优路径（BPM），然后再选择适合自己的交通工具（OA 软件系统），这样就可以更快速地达到目的。

6.1.3　信息技术能给企业带来什么

信息技术能给企业带来什么呢？这是我们需要思考的，是追求高效办公、降低成本、资源整合、方便快捷，还是安全管理等。不同的企业，甚至不同阶段，目标不尽相同。下面以沃尔玛的 RFID 计划来讨论 IT 技术的应用给企业带来的变化。

1. RFID 技术基础

射频识别技术（Radio Frequency Identification，RFID），又称电子标签（E-Tag），是一

种非接触式自动识别技术。RFID 工作原理如图 6-1 所示。

RFID 系统组成如下：

1）标签（Tag）：由芯片与天线（Antenna）组成，每个标签具有唯一的电子编码。标签附着在物体上以标识目标对象。

图 6-1　RFID 工作原理

2）阅读器（Reader）：主要任务是控制射频模块向标签发射读取信号，并接收标签的应答，对标签的对象标识信息进行解码，将对象标识信息连带标签上其他相关信息传输到数据库以供处理。

3）数据库（Database）：收集并存储信息。每个 RFID 标签可以将商品标识成 A 公司于 B 时间、C 地点生产的 D 类商品的第 E 件，突破了条码通常只能将产品标识为 A 公司的 B 类商品。

2. 沃尔玛的 RFID 计划

2003 年 6 月 19 日，在美国芝加哥召开的"零售业系统展览会"上，沃尔玛宣布将采用一项名为 RFID 的技术，以最终取代目前广泛使用的条码，成为第一个公布正式采用该技术时间表的企业。

按计划，该公司最大的 100 个供应商应从 2005 年 1 月 1 日开始在供应的货物包装箱托盘上粘贴 RFID 标签，并逐渐扩大到单件商品。如果供应商们在 2008 年还达不到这一要求，就可能失去为沃尔玛供货的资格。

3. 沃尔玛对 RFID 的期望

减少统计差错，即时获得准确的信息流，进一步降低在供应链各个环节上的安全存货量和运营资本，巩固和扩大在该领域的竞争优势。

提高物流配送的自动化程度与处理效率，减少雇用员工的数量，降低劳动力成本，巩固和扩大在物流成本上的优势。

加大财产与商品监控与管理力度，有效防止盗窃现象和因遗忘等原因造成的商品损耗；强化设备管理，优化配置设备与提高设备的使用率。

更加透明和快速地了解各种商品在门店的销售情况，并进一步减少因为货架上缺货而造成的营业额损失，从而对顾客的需求变化做出更加敏捷的反应。

第 6 章 IT 与创新

加速购物的统计与结算过程,减少排队付款的时间,改善顾客的购物体验,进而获得更高的顾客满意度和忠诚度。

获取更大的渠道权力,从而成为整个供应链上无可争议的领导者。

树立和巩固技术先锋、行业"领头羊"的角色,创造一种新的购物模式和环境。

6.1.4 信息技术应用

RFID、Windows、Internet、WWW、ERP、BPR、CRM……,这些都称为信息技术。信息技术本身是中性的,没有好与坏之分,当人与组织参与进来,就有了管理。这就是 IT 为什么在有些企业用得很成功,而在有些企业用得很失败,因为只要涉及信息管理,就没有一成不变的解决方案。信息管理也经历了一个发展过程,从注重硬件的管理到注重软件管理,从分散孤立的系统到注重资源整合和流程优化管理,再到商业模式创新。

因此,信息管理包括硬件管理、软件管理、网络管理、标准管理、系统管理、流程管理、模式管理等。信息管理的核心是变化的,企业的信息管理现在处于哪个阶段呢?这是企业管理者需要思考的问题。

CIO(首席信息官)曾关心的信息技术包括以下几方面:

1)硬件技术创新:RFID。
2)软件技术创新:SOA。
3)网络创新:5G、IoT。
4)标准创新:ITIL。
5)系统创新:EAI、CRM。
6)流程创新:ERP。
7)模式创新:移动应用、云计算、大数据。

CIO 曾关心的信息管理包括以下几方面:

1)IT 的可靠性与可用性。
2)内部业务与 IT 融合。
3)IT 部门管理。
4)运营效率。
5)流程优化。
6)改变与合作伙伴的关系。
7)推动业务创新。

作为企业管理者,我们是否对这些信息技术和信息管理的内容已经了解呢?如果我们还停留在企业现有的应用上,那是远远不够的,时代在变化,技术也在不断更新,管理的理念也在不断创新。下面列举一些信息技术典型功能及其应用。

> 企业信息化管理与创新

1. 物联网

互联网的开发还只是处于初级阶段，远远没有达到尽头，物联网才是我们的方向。物联网（Internet of Things）通过射频识别（RFID）、红外感应器、全球定位系统（GPS）、激光扫描器等信息传感设备（感知），按约定的协议，把任何物品与互联网连接起来（互联），进行信息交换和通信，以实现智能化识别、定位、跟踪、监控和管理的一种网络（应用）。

从应用来理解，物联网是把所有的物体都连接到一个网络中，形成"物联网"，然后"物联网"又与现有的互联网以及手机移动网结合，实现人类社会与物理系统的整合，以更加精细和动态的方式管理生产和生活。物流运输应用物联网建立可追溯系统，如图6-2所示。

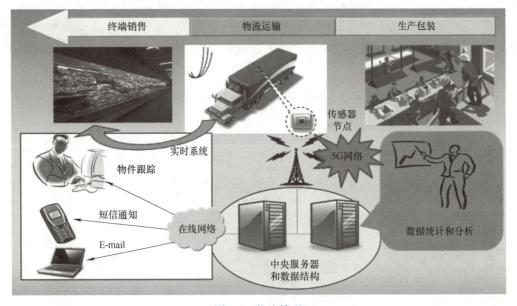

图 6-2 物流管理

目前物联网在企业中的应用如下：

1）产品延伸服务：车辆定位与导航系统。
2）物流管理与服务：感知、标识、仓储、跟踪、监测。
3）数字化工厂：生产过程监控。
4）节能减排、安全与环境管理。

2. 社会化媒体

社会化媒体（Social Media）又称社交媒体，让聚集在网络上的社区用户可以共享信息、知识和观点等。

形式：博客、微博、短消息、网上评论（论坛）、朋友圈等。

主要构成维度：内容、社会网络、个人展现、资源汇集。

近年来，随着互联网信息技术和社交网络新媒体的飞速发展，人们的决策越来越受到其他用户的影响，我们每个人得以在更大的范围内对其他朋友和陌生人的行为进行观察学习。这种社会互动也成为企业可以直接管理的决策变量。例如，在一些电商网站的产品页面，消费者既可以看到之前其他人的购买决策，也可以通过社交网络登录后看到好友们的选择。不同的社会化媒体由于用户社交网络关系的强弱对用户决策是否会产生不同的影响？朋友圈的信息一定比更大范围社交网络提供的信息更加准确吗？企业如何利用不同的社会化媒体促进用户之间的社会互动与产品信息的传播？这都是目前社会化媒体兴起后，企业和学者需要着重关注的问题。

有学者研究发现，当社会网络较小时，朋友圈的信息比更大范围社交网络提供的信息更加准确，观察朋友的行为可以更准确地推断产品质量；然而当网络逐渐增大时，更大范围社交网络变得更有效，更大范围社交网络中的其他用户的行为可以提供比朋友圈更准确的质量信息。社会化媒体包含着很多信息，可以从不同的角度研究得出不同的观点和结论，并将其运用于实践决策中。

3. 面向服务的体系结构

面向服务的体系结构（Service Oriented Architecture）是一个组件模型，它将应用程序的不同功能单元（称为服务）进行拆分，并通过这些服务之间定义良好的接口和协议联系起来。接口是采用中立的方式进行定义的，它应该独立于实现服务的硬件平台、操作系统和编程语言。这使得构建在各种各样的系统中的服务可以以一种统一和通用的方式进行交互。

面向服务的体系结构是一种体系结构样式，也是一个范例，能用来创建模块化和松散耦合的服务，这些服务可以被组合和编排在一起，实现企业的业务流程。

2005 年 10 月，IBM 根据自身在实施 SOA 方面的丰富经验，发布了 SOA 生命周期理论。这套理论将 SOA 生命周期分为建模（Model）、装配（Assemble）、部署（Deploy）、管理（Manage）四个阶段，同时通过治理流程（Governance Process）保证各个阶段的成果都符合服务标准，如图 6-3 所示。

图 6-3　SOA 架构示意

1)建模:收集需求,对端到端的业务流程进行拆分、建模、分析和设计,然后再进一步优化,形成一个个独立的业务单元,即服务。

2)装配:将一个个服务进行组装,通过编排和组合实现企业业务流程,以满足功能性和非功能性需求。

3)部署:组装好的业务流程会被部署到正在操作的运行环境中。

4)管理:对运行中执行的服务和业务流程进行监视和分析,以保证它们能正常运行。

SOA 是一个完整的软件系统建构体系,包括运行环境、编程模型、架构风格和相关的方法论等。其核心是服务,并涵盖服务的整个生命周期。SOA 的核心理念是业务驱动,采用松耦合的、灵活的体系架构来满足随需应变的业务需求。

4. 云计算

云计算(Cloud Computing)是一种 IT 资源交付和使用模式,通过网络获得应用所需的资源(硬件、软件)。提供资源的网络被称为"云"。"云"中的资源在使用者看来是可以无限扩展的,并且可以随时获取。这种特性经常被比喻为像水电一样使用硬件资源,按需购买和使用。一般非 IT 服务企业不必自建硬件或软件资源,可采取外包租赁的形式。云计算示意如图 6-4 所示。

图 6-4 云计算示意

因此,通过云端的服务的集成,可以为客户端中小企业提供从基础设施到平台再到软件以及业务方案等整套服务内容,从而使中小企业获得成本、速度和质量等方面的优势,如图 6-5 所示。但从目前应用普及率来看,云计算的广泛应用还有很长的路要走,一方面服务商要能够自律,另一方面行业法规还要健全,才能从根本上解决中小企业的后顾之忧。

2006 年 8 月 9 日,谷歌在搜索引擎大会上首次提出"云计算"这个概念。随后没几天亚马逊推出弹性云计算的公众版本。在这样的技术理念和背景下,有很多社会资源参与进来,形成了产业生态。现实应用的案例很多，比如上海优刻得云计算技术有限公司（UCLOUD）助力中小企业经济成长，通过 IT 技术的租赁服务，帮助中小企业成功实现转型升级，如图 6-6 所示。

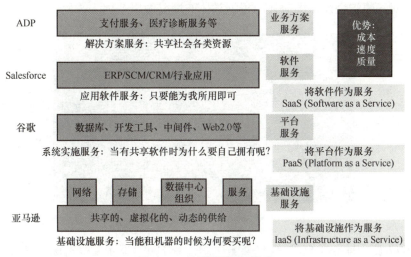

图 6-5　云计算的服务模式

图 6-6　UCLOUD 云服务商业化应用

5．人工智能

人工智能是研究人类智能活动的规律，构造具有一定智能的人工系统，研究如何让计算机去完成以往需要人的智力才能胜任的工作，也就是研究如何应用计算机的软硬件（机器）来模拟人类某些智能行为的基本理论、方法和技术。

实际应用：机器视觉、指纹识别、人脸识别、视网膜识别、虹膜识别、掌纹识别、专家系统、自动规划、智能搜索、自动程序设计、智能控制、机器人学、语言和图像理解、遗传编程等。

如图6-7所示，索菲亚长得很漂亮，最重要的是她背后顶级的人工智能技术，如自然语言理解、知识图谱、深度学习。她可以进行独立思考，通过算法识别出人传达的信息，与人进行一对一眼神交流，同时还会根据具体的境况做出系列表情反应。

图6-7 人工智能索菲亚

2019年7月3日，在百度AI开发者大会上，百度CEO李彦宏说，百度和浦发银行联合培养了一位超级员工"数字人"，担任浦发银行的智能客服，服务1000万用户。未来，在旅游咨询、医疗健康、移动通信等领域，数字人都将大显身手；对每个用户来说，数字人都是私人订制、终身服务的。他不会忘记任何事情，只会越来越聪明。

6.2 IT与数字化

6.2.1 数字化正在重塑一切

2003年，E-Business兴起，企业在营销和渠道层面开始全面数字化。2020年"新冠"让人猝不及防，改变了人们的生活、生产方式，传统人与人接触的行业受到冲击。非接触式经济加快了企业数字化转型，不仅仅是营销和渠道层面，企业的商业模式、产品和服务、组织和人才、经营和管理都面临数字化转型的问题。在抗疫的同时，国家提出加快5G网络、数据中心等"新基建"的建设进度。

在个人和组织层面，数字化工具如雨后春笋般出现，加速社会发展，例如：

微信、QQ、淘宝、支付宝、百度、拼多多、抖音、快手……，带动了跨境电商、直播带货、社区零售的发展，逐步改变了人们的购物习惯。

企查查、腾讯会议、Zoom、钉钉、飞书、企业微信……，带动了在线教育、远程视频、电子政务（健康码、交管12321）普及和应用。

数字化不是刚刚出现的新事物，是过去几十年技术创新的延续，从自动化到信息化，从互联网到人工智能，这是数字化不断演进的体现。

智能终端、云计算以及互联网的升级,带动了数字化技术及基础设施的发展和应用。人工智能技术的发展逐渐使很多岗位人员被机器代替;云计算的发展使得企业使用IT资源就像使用水和电一样方便;大数据的发展让碎片化的数据价值得到了体现;5G网络加快了数据传输速度,减少了时滞影响,增加了传输容量,自动驾驶、远程医疗、VR(虚拟现实)等技术得到了进一步发展;工业互联网使设备、生产线、工厂、供应商、产品和客户能够紧密融合。

6.2.2 数字经济

以数字化的知识和信息为关键生产要素、以现代信息网络为重要载体、以信息通信技术的有效利用为手段,提升效率和优化经济结构的一系列活动。

数字经济的发展经历了以下四个阶段:

第一阶段:PC(个人计算机)的发明与普及,以IBM、惠普、微软、戴尔为代表。

第二阶段:有线互联网的普及,以美国的FAG、中国的BAT为代表。

第三阶段:移动互联网的普及,以苹果、华为、字节跳动、美团为代表。

第四阶段:物联网和人工智能的普及正在进行,催生新的公司,既包括智能家电、可穿戴式智能设备、无人驾驶等智能技术的应用,也包括各种应用场景交通、医疗、智慧城市、教育、零售、旅游、金融等的融合。

在此背景下,2018年12月,中央经济会议首次提出"新基建"概念,包括5G基站建设、特高压、城际高速铁路和轨道交通、新能源充电桩、大数据中心、人工智能、工业互联网七大板块。新基建一端连接投资,另一端连接消费市场,与产业化应用协调发展,必将推进新消费、新制造、新服务。

6.2.3 数字化转型

传统企业通过将生产、管理、销售各环节与云计算、物联网、大数据相结合,促进企业研发设计、生产加工、经营管理、销售服务等业务数字化。

如果将20世纪90年代到21世纪初信息化看作数字化转型1.0时代,那么2016年后的信息化可以看作数字化转型2.0时代。数字化转型1.0时代与2.0时代在代表性技术、需求、核心诉求和核心目标方面有着明显的差异,如图6-8所示。

埃森哲2021年针对全球18个行业、106个细分市场、1万多家上市企业的研究报告显示,18%的企业,如通信和媒体、高科技以及软件等行业处于数字化转型关键时期,当前受影响程度较大,这些行业的企业转型成功与否决定未来;33%的企业,如零售、汽车、保险业、基础设施和运输服务、银行业在当前和未来都将受到很大影响,这些行业的企业要做好长期拉锯战;38%的企业,如旅游、新能源、公共事业、设备和机械、资本市场行业当前受影响较小，未来影响程度比较大，这些行业的企业要做好攻防战；受数字化转型程度影响较小的行业主要是生命科学、健康保健和化工，这些行业关系人类本身。总体而言，89%的行业数字化转型已迫在眉睫，如图6-9所示。

图6-8 数字化转型的不同阶段

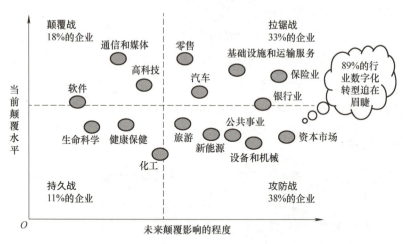

图6-9 埃森哲2021年数字化转型矩阵

企业是价值创造、价值传递、价值支持和价值获取的系统，目标是创造满足市场需要的产品和服务。数字化转型应以数字化文化（使命、愿景、价值观）的塑造为基础，在营销渠道、运营系统、创新能力、人力资源、财务体系等方面全方位的转型，如图6-10所示。

国家工信安全中心与阿里研究院于2019年对中国157家领军企业数字化转型现状进行问卷调查与分析，形成了《中国数字化领军企业调查报告》。报告显示：

第6章 IT与创新

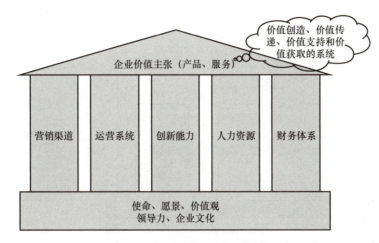

图 6-10 数字化转型系统观

1）成功的数字化转型企业都在全方位数字化：数字化战略、业务数字化、数字化组织、数字化基础设施。

2）提效降本和智能决策是数字化转型的战略重点：提高运营效率、实现数据驱动的智能决策、降低运营成本、获取新用户、提升创新能力、提高企业收入、提升客户满意度。

3）内容营销是数字化营销创新的重点：71%的企业开展了以直播、社交媒体"种草"、网红推荐为代表的内容营销。

4）线上线下融合是数字化转型的重要方向：大部分企业在会员和商品两个方向的线上和线下体系未真正打通。

5）消费端的数字化高于制造端，制造端的数字化是难点：生产设备基本实现数字化和联网的企业比例低。

6）组织协同工具比较普遍，但智能化组织严重不足：使用移动协同工具的企业占92.2%，但仅有15.7%的企业实现了网络化可即时响应的组织模式。

7）数字化人才不足制约了数字化战略的落地：企业都很重视数字化转型，负责人都是总裁或副总裁，但数字化人才队伍缺失，如人工智能专家、供应链专家、中台专家、产品开发专家、首席数字官、项目管理专家、大数据专家、全域营销专家。

8）基础设施"上云"整体水平偏低：企业"上云"是企业提高创新能力、业务能力和发展水平的重要路径。基础设施"上云"的比例越高，消费者洞察和产品性能与功能的数字化验证程度越高。

9）数据中台为企业核心业务赋能作用明显：23.5%的企业已搭建数据中台，在质量、物流、财务、库存、销售、成本等方面赋能作用显著。

总体来说，数字化企业在转型战略、核心业务、组织与协作、数字化基础设施和市场表现等方面都有明显改善。数字化企业全局图如图6-11所示。

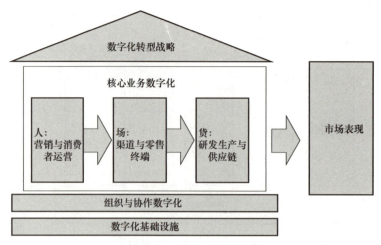

图6-11 数字化企业全局图

6.2.4 技术融合产生创新价值

当前处于万物互联的时代，所有的事物都有接口实现彼此的数据交换。当海量的数据实现互联互通并通过算法变成可利用的资源时，整个智能化的网络生态将成为可能。大数据成为新的生产要素，数据不是刻意收集的，而是自然记录的。数据的价值在于是否被活用、数据与业务场景是否相匹配。

用区块链等数字技术重新定义世界的互信、共识、协作、激励、分享机制，将是时代的趋势。技术融合发展如图6-12所示。

图6-12 技术融合发展

但同时需要注意，区块链技术还不成熟，区块链应用还在不断试错，区块链在实践中还有许多不合规的负能量，认识还不足，甚至有人把区块链等同于比特币，炒作虚拟货币。区块链需要与互联网、大数据、人工智能等数字技术融合在一起。

任何类型的组织都要充分调整自身的发展战略，以保持在大数据环境中的创新力和竞争力。把自身拥有的数据作为战略性资产进行管理,培养数据科学家和数据工程师,必要时设置首席数据官,用数据驱动业务增长。

6.3 IT 与创新实践

6.3.1 天津港数字化转型

天津港位于渤海湾西端,是京津冀及"三北"地区的海上门户、雄安新区主要的出海口,是"一带一路"的海陆交汇点,也是新亚欧大陆桥经济走廊的重要节点和服务全面对外开放的国际枢纽港,与世界 200 多个国家和地区的 800 多个港口保持贸易往来。港口业务涉及货运、通关、码头作业、金融服务等,如图 6-13 所示。

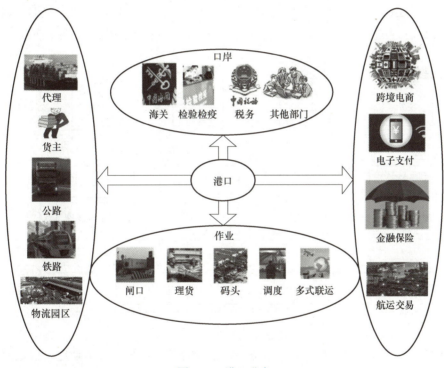

图 6-13 港口业务

港口作为水陆交通枢纽,主要从事装卸、搬运、存储、理货等港口生产、流通或服务性经济活动。港口物流存在以下问题:

1) 基础设施不够完善:铁路、公路、机场等物流基础设施整合力度不够;港口物流和相关的合作伙伴联系不紧密;物流的基础设施与技术装备不适应、不完善、不配套。

2) 传统作业:成本高、运维难度大、效率低、稳定性和可靠性差、安全风险高。

3) 信息化程度不够高:物流系统信息技术落后,不适应现代物流体系需求;信息资源利用不充分,互通互联尚未形成;尚未建立港口现代物流公共信息服务平台。

4)船舶的设计正在向大型化发展：港口必须具备全天候进出，快速装卸、通关、储运与配送等于一体的综合能力，港口物流信息化已经成为现代化港口生存与发展的决定性因素。

智慧港口是港口发展的高级阶段。物联网、云计算、大数据、移动互联网、智能感知、地理信息系统（GIS）等技术是建设智慧港口的关键技术。智慧港口不只是应用了新技术，更是对未来发展愿景、发展理念、发展模式的一种战略描述的体现。智慧港口能对港口运营和资源配置进行智能化响应，为生产运营调度和高层决策提供支撑的开放式应用。

天津港（集团）有限公司与华为公司进行数字化转型战略合作，开展智慧港口平台建设，成立专门的数据统筹管理部门，"一把手"负责（组织保障），夯实港口的数据基础，打通数据"信息孤岛"，做好数据分类管理（聚），收集港口内部数据，集成整合构建港口独有的大数据池，跨界引入其他领域数据，比如陆上运输企业、垂直产业等（通），针对现有的港口管理和发展要求，承担数据挖掘、分析与支持的工作，基于完整的大数据资源池，向港口的客户提供创新性数据服务（用）。智慧港口平台建设如图6-14所示。

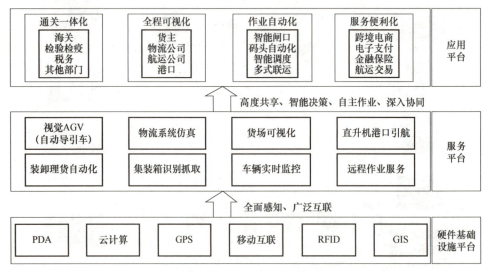

图6-14 智慧港口平台建设

物联网、云计算、大数据、移动互联网、智能感知、GIS等技术是建设智慧港口的关键技术。通过平台的应用，对港口运营和资源配置进行智能化响应，为生产运营调度和高层决策提供支撑，实现车、船、货、港、人的协同联动，如图6-15所示。

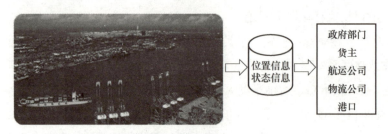

图6-15 智慧港口协同联动示意

具体应用场景如下:

1)装卸作业的远程控制。大宽带、低时延、广连接、高可靠性实现岸桥、场桥远程控制、高清视频回传等业务。智能装卸作业如图 6-16 所示。

图 6-16　智能装卸作业

2)港口无人运输。5G+AGV/IGV 集卡,可以大幅降低人力成本,实现 24 小时作业。按照信息系统自动发布的指令,精准地抓取船上的集装箱,自动放置在无人驾驶智能导引车(IGV)上,IGV 通过智能算法自动规划路径,将集装箱运往堆场,轨道起重机自动对位,自动抓取集装箱后放到指定位置。港口无人运输如图 6-17 所示。

图 6-17　港口无人运输

3)港区视频监控和 AI 识别。起重机摄像头能对集装箱标签识别、自动理货、司机疲劳驾驶面部识别等场景进行高清视频监控智能分析。智能监控如图 6-18 所示。

智慧港口实现的效果如下:

1)高效:减少货物的周转时间,提高生产效率,满足客户、船方的需求,降低风险。

2)绿色低碳:探索资源节约型、环境友好型港口协调经济发展;推广低碳技术,降低能耗。

3)可持续:将绿色发展理念落地,有利于港口结构调整。

企业信息化管理与创新

图 6-18　智能监控

6.3.2　从《超级女声》看 IT 应用[①]

作为一档电视娱乐节目,《超级女声》在短时间内集聚了超人气和财气,成为 2005 年的娱乐大餐。不仅如此,《超级女声》在商业模式创新上还有非常重要的意义:赞助商(蒙牛)、运营商(天娱公司)、湖南卫视、掌上灵通、百度(网络支持)以及唱片、图书商等形成了一个针对同一目标消费者进行服务的产业链,并获取利润实现价值。它们互相依存、优势互补、互动,是一个不可分割的整体,使客户价值链产生和谐共振,真正实现了客户价值的最大化。

1. 湖南卫视赚广告、短信收入

湖南卫视的现金收益来自冠名广告、其他广告以及短信收入。相关媒体曾做过统计,《超级女声》仅 10 强赛一场的短信收入就超过 1500 万元,加上"蒙牛"1400 万元冠名广告和其他广告收入,《超级女声》节目总收入当数以亿计。

至于湖南卫视播出《超级女声》所赢得的品牌效应则更多,高收视率提升了包括整个湖南卫视白天时段的广告报价收益。根据央视索福瑞调查统计,《超级女声》白天时段收视份额最高值突破 10%,居 31 个城市同时段播出节目收视份额第一,仅次于央视一套,排名全国第二。如此之高的收视率,自然吸引广告商蜂拥而上。《超级女声》2005 年度决赛 15 秒广告费高达 11.25 万元。

2. 天娱公司以品牌收益颠覆广告收入

最大赢家还是"超级女声"品牌的所有者——上海天娱传媒有限公司(该公司由湖南广电集团全资控股,2004 年 5 月 24 日在上海注册成立)。公司董事长王鹏在接受媒体采

[①] 资料来源:http://www.doc88.com/p-1846046732872.html。

访时表示:"我们是'超级女声'品牌的所有者,这个品牌现在值几个亿。"

王鹏认为,由电视产生的广告收益并不是天娱公司的着眼点,目前他已经根据《超级女声》短期内产生的"超级"效果将其重点操作的领域放在了"超级女声"品牌延伸的产业链上。天娱公司的定位已明确为一个集影视制作、唱片发行、艺人经纪以及演出策划等于一体的商业模式。

"超级女声"签约50人,"超级女声"三甲以一线女星代言广告的价格成为产品代言人,组织"超级女声"十城市巡演,出"超级女声"唱片,推"超级女声"影视剧、图书……围绕着这些大红大紫的"超级女声",天娱公司精心策划的文化增值之旅开始了。它们的收入反哺到2006年的第三届《超级女声》中,将"超级女声"作为一个源源不断聚拢财富的品牌,长久地经营下去。

3. 蒙牛1亿砸出25亿

作为国内乳品行业近几年高速成长起来的品牌,蒙牛在广告投放上的气魄给人留下了深刻的印象。湖南卫视对《超级女声》最初的冠名标价仅为1400万元,蒙牛一掷亿元重金竞价拿下了冠名权和广告,做起了"蒙牛"和"超级女声"的宣传推广。另外,蒙牛又追加了2亿元去进行地面推广。就在全国"想唱就唱"声一片时,"酸酸甜甜就是我"的蒙牛广告语也越打越响。蒙牛选择长沙、郑州、杭州、成都和广州这五个赛区,正是要全面打赢这五大城市的销售战,这五大城市分别辐射了蒙牛的西南、华中、华东、华南四大销售区域。

虽然蒙牛的新闻发言官一直否认蒙牛品牌的迅速成长与《超级女声》有直接关系,但蒙牛乳业副总裁孙先红在接受媒体采访时表示,2005年蒙牛得到的回报比预计的要好,蒙牛酸酸乳最初的日生产能力为2.5亿包,《超级女声》活动开始后20天,所有库存和当月产品均销售告罄,后来新增了两条生产线,仍然供不应求。

蒙牛2005年向市场投放的20亿袋印有"2005蒙牛酸酸乳超级女声"的产品,销售额在25亿元左右。

4. 掌上灵通捡到《超级女声》掉下的馅饼

当《超级女声》被誉为"拇指创造的神话"时,拇指创造的经济神话也被广为传说。

在主办方的精心策划下,电信服务提供商事实上已成为《超级女声》产业链中不可或缺的一部分。"想要留住她,就用短信支持她!"让多少"粉丝"们热血沸腾地去不停按动拇指。无形之中,《超级女声》2005年度的短信收入就达到了3000万元左右,由湖南卫视和负责此次短信投票平台的掌上灵通按一定比例分成。掌上灵通被认为捡到了《超级女声》掉下的馅饼,其在纳斯达克的股价也出现了较大上涨。更重要的是,掌上灵通由此积累了大量的手机用户,都有可能转换成它的订阅产品用户,而这才是其收入的大头。

5. 百度借《超级女声》坐收"渔人之利"

《超级女声》动用了电视、电信和互联网三网结合的强大推动力。与掌上灵通捡到《超级女声》掉下的馅饼相媲美的是百度坐收"渔人之利",在《超级女声》比赛中,"平均每秒就有四个人同时在'超级女声吧'发帖。"百度公关经理杨海俊表示。"超级女声吧"由一位百度用户在 2004 年 5 月 30 日建立,随着第二届《超级女声》渐入高潮,最后比赛的一个月中流量飙升。

6. 文化领域掘金"后超级女声经济"

音像领域出手最快,广东美卡文化音像有限公司以百万元版费拿下了"超级女声"所有音像制品的版权,"超级女声终极 PK"唱片在全国上市。而声称搜寻"落选超级女声"的飞乐唱片行动也迅速推出了广东"落选超级女声"邵雨涵首张专辑,音像制造商已经把"超级女声"当作疲软唱片业的一针强心剂。

与此同时,多家出版社也打起了"超级女声"的主意,争抢"超级女声"画册、"超级女声"书籍。其中动作最快者,莫过于中信出版社在"超级女声"总决赛后一个星期即上市的《我为超女狂》一书。

演出方面,天娱公司组织的"超级女声"巡回演唱会在十大城市展开,票房颇丰。

同时,在演出和唱片制作间隙,影视剧投资方已经瞄准了关于"超级女声"的影视剧,而网络电影、网络动画也瞄准了"超级女声"。一向标新立异、领先时尚的广告界也早已把"超级女声"词汇放进了广告文本。

《超级女声》这个节目通过网络技术的传输实现了内容、市场和终端应用的整合,如图 6-19 所示,这就是 IT 给《超级女声》带来的商业模式创新。内容产生、相关利益者、三网融合、终端应用和相关产业密切配合,共同作用形成了《超级女声》这个节目的独特核心竞争力,这是《超级女声》能持续盈利的根本保障。

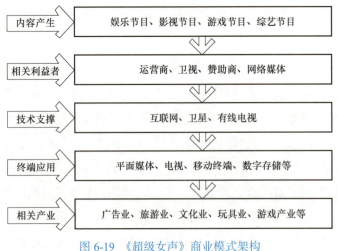

图 6-19 《超级女声》商业模式架构

第 6 章　IT 与创新

　　"超级女声"是一个时代娱乐代名词，更是一个商业集大成者。在广播电视媒体领域的调控下，"超级女声"已经成为历史，但由湖南卫视和天娱公司领导下"娱乐王朝"的辉煌，却正在被"快乐女声""快乐男声"等新的继承者所延续。"超级女声"并不仅仅是一个活动，它更是一个品牌。这个品牌在电视媒介上体现出来的是电视节目，在唱片业中体现出来的是一张唱片，在演艺事业方面体现出来的是许多艺人。从电视节目、艺人合约到唱片、图书、网络等项目，都是整个"超级女声"文化产业链中不可或缺的一环。"超级女声"以电视节目为起点和中心，众多增值产品、衍生产品相继跟进，环环相扣，相得益彰，从而使得一档电视节目的利润来源突破了广告的单点，形成了跨产业融合的传媒产业价值链。其背后的运营离不开互联网、卫星和有线电视的融合发展，通过移动终端和网络媒体将品牌的影响力扩大化，最终带来广告、旅游、文化、玩具、游戏等跨产业迁移。

6.4　基于 IT 的商业模式创新

6.4.1　商业模式创新

　　企业战略是企业为哪些客户提供哪些产品或服务，实现哪些目标？这三个问题的背后有一个基本逻辑，就是事情怎么做、钱怎么赚。事情怎么做就是如何为客户提供产品或服务，钱怎么赚就是客户是如何买单的。事情怎么做、钱怎么赚的基本逻辑就是商业模式。

　　2008 年 12 月，马克·约翰逊等在《哈佛商业评论》上发表的《如何重塑商业模式》一文中对商业模式的定义如下：商业模式就是如何创造、传递客户价值和公司价值的系统。

　　客户价值主张即能为客户带来哪些不可替代的价值，盈利模式即如何从为客户创造价值的过程中获得利润，关键资源即企业内部如何汇聚资源来为客户提供价值，关键流程即企业内部管理、制度和文化等。客户价值主张和盈利模式分别明确了客户价值和公司价值，关键资源和关键流程则描述了如何实现客户价值和公司价值。

　　著名的管理学大师德鲁克有句名言：当今企业之间的竞争，不是产品之间的竞争，而是商业模式之间的竞争。因此，一要思考能为客户带来哪些不可替代的价值；二要分析如何从为客户创造价值的过程中获得利润；三要思考利用哪些关键资源，通过什么样的关键流程来实现客户价值。如果我们把这几个问题思考清楚了，那么商业模式就明确了，如图 6-20 所示。

　　根据《IBM 全球商业服务研究》，商业模式的创新层次可以大概分成三大类六小类，如图 6-21 所示。

　　一个成功的商业模式不一定是在技术上的突破，而是在某一个环节的改进，或是对原有模式的重组、创新,甚至是对整个游戏规则的颠覆。商业模式的创新形式贯穿于企业经营的整个过程,贯穿于企业资源开发、研发模式、制造方式、营销体系、市场流通等各个环节,也就是说,在企业经营的每一个环节上的创新都可能变成一种成功的商业模式。

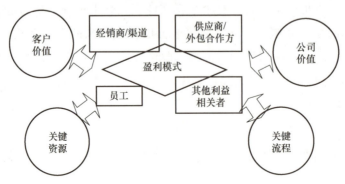

图 6-20 商业模式架构

收入/利润模式创新

创新的价值定位

 • 美国西南航空通过提供和汽车运输及普通航空运输完全不同的服务模式,提升企业效益

运作模式创新

企业专业化

bharti • Bharti通过关键差异性功能(市场、销售和分销)创建高度专业化的电信商业模式,对其他功能全部采取合作/外包的方式

产品创新驱动产业转型

产业转型

 • 苹果通过iPods/iTunes产品&服务的组合下载音乐,苹果产品的创新也对音乐产业进行了转型

创新的定价/收入模型

 • Gillette通过放弃刀架、在刀片上获取收入,对定价模式进行创新

企业开放的外部协作

illy • Illy咖啡通过与咖啡原材料生产商、咖啡制造商和咖啡杯生产商的协作,提升和咖啡相关的所有方面的体验,提升公司的收入

跨产业迁移

 • 以文化消费市场的需求满足为核心,合理设计文化产品与商业运作的双重模式,依托产业链间的密切配合,实现跨产业迁移

图 6-21 商业模式创新分类

商业模式创新的前提是需要有创新的主体与动力、创新的制度与条件和创新的途径。企业与企业家精神是创新的主体与动力来源,资本市场的建立和良好运作是创新的制度与条件,跨越产业边界、挑战产品定位、跨越细分市场和利用新技术是创新的途径,最终带来产品创新、生产方式创新、市场创新、原材料创新、组织创新或制度创新。

所有成功的大企业都是从小企业秉持成功的商业模式一步步走过来的。无论高科技、低科技都能成功,关键是找出成功的商业模式,并把商业模式的盈利能力快速发挥到极致。商业模式的实现步骤可以概括为:第一步,找到未被满足的需求;第二步,战略定位,确定价值主张;第三步,建立盈利模型;第四步,价值链整合,形成核心竞争力;第五步,实现运行。

第 6 章 IT 与创新

企业是价值创造、价值传递、价值支持和价值获取的系统。商业模式是企业价值实现的支撑,包括四大环节十个要素,如图 6-22 所示。

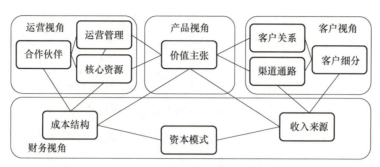

图 6-22 商业模式

6.4.2 产品/服务创新

1. 盒马鲜生——生鲜全产业链创新

盒马鲜生是阿里巴巴集团旗下、以数据和技术驱动的新零售平台,为消费者打造社区化的一站式新零售体验中心,用科技和人情味带给人们"鲜美生活"。

与传统零售最大的区别是,盒马鲜生运用大数据、移动互联、智能物联网、自动化等技术及先进设备,实现人、货、场三者之间的最优化匹配,从供应链、仓储到配送,盒马鲜生都有自己的完整物流体系。盒马鲜生的供应链、销售、物流履约链路是完全数字化的,从商品到店、上架、拣货、打包、配送任务等,作业人员都是通过智能设备去识别和作业,简易高效,而且出错率极低。整个系统分为前台和后台,用户下单 10min 之内分拣打包,20min 实现 3km 以内的配送,实现店仓一体。30min 配送速度核心在于后台大数据算法的支撑。

以牛排为例:通常牛排是从一个不太规则的原材料上切割下来的,一刀切下来,如果它需要定镑,必须调整它的厚度。我们需要把消费者和生产者这两方的数据关联起来,也就是当一片牛排从一块牛肉原材料上切割下来的时候,它已经有特定的客户。在信息流里,我们非常清晰地知道在什么地方有多少客户,对多少克重的牛排或对什么样厚度的牛排有他消费的兴趣。在这样的场景下,上游生产端所有原材料切割下来的牛排是没有一片浪费的。

2. 安吉星

作为车辆的随行管家,上汽通用安吉星不仅拥有诸多非常便捷的日常使用功能,如全程音控导航、全音控免提电话、车停位置提示、车况检测报告等协助车主的省心服务;在紧急情况下还可以通过碰撞自动求助、安全气囊爆开自动求助等功能主动发现险情,及时为车主提供必要的协助,帮助车主顺利脱离困境,随时随地为车主保驾护航。

企业信息化管理与创新

2015年10月17日凌晨2:25，安吉星接到了车主郭先生的凯迪拉克XTS车辆在某省道的自动碰撞响应，系统中显示车辆碰撞情况为翻滚。在接到险情呼叫后，安吉星的客服顾问立即联系车主，询问车主是否受伤及事故状况，车主随即向客服顾问说明了自己并未受伤，此次事故为单车事故，车辆已经翻车，需要救援，并要求客服顾问帮忙报警。安吉星客服顾问很快联系上了当地110，并向警方详细描述了事故车辆的出险位置与当事车主的联系方式，在获取以上信息后，警方表示会尽快出警前往救援。事后不久，安吉星对车主进行了例行回访，车主在电话中表示警方已接手处理此次事故，很快会将车辆从20多米深的山下吊出并送往4S店进行修理，随后办理结案。对于这次事故发生时安吉星及时主动提供的救助服务，车主也表示了由衷的感谢。

为保障车主的行车用车安全，安吉星建立了一套周全的安全防护系统，不仅包括上述丰富的系统功能，而且当车辆发生事故时，安吉星系统则可以通过GPS定位，快速搜索离事故车辆最近的警局，将车辆事故发生的状况和经纬度地点信息告知警方，及时给予车主帮助。这些都反映出安吉星以人为本、关怀备至的人性化服务理念，在切实保证车主无忧用车的同时也保证了车主的人身财产安全。

车辆防护系统在车身各处装设不同的碰撞传感器，包括前方（前防撞杆）、侧面（在车门上）、后方（前防撞杆）、车顶上翻滚传感器等（不同车型传感器不同），如图6-23所示。

图6-23　车辆防护系统

当车辆发生事故时，车辆防护系统立刻通过GPS远程定位系统发出求助信号，客服中心接到求助信号后向救助单位发出救助信号，并定位车辆信息。

通过上述案例描述，基于IT可以丰富现有的产品功能或服务，也可以整合产品，为客户提供足不出户的一站式服务。

这里需要强调一点，产品/服务创新的根本是满足社会的需求，要将以客户为中心放在第一位，否则创新就失去了其应有的社会价值。

6.5 案例思考：恒顺数字化转型之路

当我们走进镇江丹徒新城恒顺大道时，阵阵醋香扑鼻而来，让人驻足回味。从当年的小作坊开始启程，如今已然成长为香醋界的"老大哥"。面对不断变化的市场环境，作为中国百年老字号企业，恒顺在传承的基础上，不断做出调整，在过去的一百多年里，恒顺走出了一条适合自己的发展路径。

2001年2月，恒顺在上海证券交易所成功上市，成为全国同行业首家上市公司。它主要从事食醋、酱油、酱菜、黄酒等传统酿造调味品和现代复合调味品、食醋递延保健品的生产、销售，同时，投资领域还涉及生物保健、房地产、包装印刷、商贸零售等产业。作为国家级重点龙头企业和中国第一品牌的制醋企业，在引领中国醋业发展的基础上，恒顺注重销售渠道建设，在全国设立30个办事处，拥有覆盖各地区的经销网点50万个，同时大力拓展线上业务，产品广销50多个国家并供应我国驻外160多个国家使（领）馆。恒顺产品先后5次获国际金奖、3次蝉联国家质量金奖，是欧盟地理标志产品、中国名牌产品。"恒顺香醋酿制技艺"入选国家首批非物质文化遗产保护名录。

下一个10年，在更大的体量下、在不断变幻的市场环境中如何做大、做强？恒顺应该坚持什么？过去成功的经验哪些值得继续珍视？事实上，恒顺的发展从信息化视角经历了流水线、财务、生产、集成、智能化的发展阶段。不同阶段用不同的技术驱动着价值创造、价值传递、价值支持和价值获取的全过程。

1. 形势所迫，公司转型

人类经历了四次工业革命，从18世纪60年代—19世纪40年代蒸汽机的出现，到19世纪70年代—20世纪30年代电力和石油的发展，到20世纪40年代—21世纪初信息技术的发展，再到现在的智能化。每一次技术变革都会对人们的思维模式和工作生活带来颠覆性的影响。

我国信息技术发展相对发达国家起步较晚，大部分企业在20世纪末才开始，而恒顺的信息化起步于20世纪80年代末：1989年恒顺从意大利西蒙纳斯公司引进了行业内第一条自动化流水线；随着改革开放的深入，人民生活水平逐步提高，恒顺香醋作为绿色健康调味品，受到越来越多消费者的喜爱，1995年，恒顺以"亚洲第一流，二十年不落后"的技术标准进行设计和实施，首次将计算机技术引入传统酿造行业，成功实施了调味品行业"机械化、管道化、流水线"的产业升级，建立起了传统酱醋的现代生产模式，实现了从过去4000t产能到4万t产能的转变。这是恒顺信息化的最初实践。

早期，恒顺信息化的意识是形势所迫，市场需求难以满足，质量标准难以保证。"在当时情况下，所有的酿造环节都依赖于人工，一是产量规模难以应对市场需求的激增，出现了排队等单的情况，严重影响了客户满意度；二是生产线依赖于工人的经验，产品标准难以统一，不同批次的香醋，质量存在差异。"苏欣宁如是说。面对需求端和供给侧的双重困境，恒顺对内部管理进行变革，否则将难以继续发展，有可能面临被市场淘汰的风险。

企业信息化管理与创新

在此背景下，2000年恒顺高层领导经过讨论，达成一致意见，以财务管理为切入点，按照分模块、逐步完善的信息化实施策略，制定了公司信息化战略规划，积极改组公司组织架构，设立了信息化部门以及CIO等相应岗位，加强各部门领导和员工队伍培训，转变员工的思维和理念，加快信息化技术和系统的引进，提升公司生产、管理水平，提高行业竞争力。

2. 数据化

20世纪末21世纪初，信息化在国内还刚刚起步，一方面，由于实施方缺少成功实施案例，经验不足，对ERP了解甚少；另一方面，企业缺少规划，对自身的需求没有充分明确，盲目跟风现象比较严重。很多企业盲目引进国外的软件，最后发现不符合国情，企业花了大价钱，却发现不能用，也不会用，甚至加重了企业负担，形成了系统和业务运行"两张皮"。

财务和市场是衡量企业是否成功的关键因素。"财务主要包括财务预算、成本核算、利润分析、应收账款等，那时候面临的问题是无法做到全流程管理，中间形成了很多黑洞。如何实现财务信息的事前预测、事中控制、事后分析，是企业当前迫切需要解决的现实问题，领导者无法做出实时的决策。信息系统一定是为了解决企业问题的，以问题为导向是信息化成功的关键。"苏欣宁说。2002年，恒顺开始全面应用国产用友软件U8/ERP系统。之后，恒顺陆续使用了OA自动化办公系统、商业智能分析、质量溯源系统、物流编码规范系统和仓储管理系统等。

在之后的几年时间里，恒顺的管理体系实现了全国统一标准、统一数据平台、统一系统架构，实现了系统和业务的有机融合，企业步入内部管理标准化阶段，数据在各部门之间的流动提升了管理效率和决策水平。

3. 生产自动化

2008年，恒顺引入DCS（离散控制系统），利用计算机离散控制技术和分布式计算，采取流量监控、自动勾兑和温度调节方案应用等技术，实现了酒精发酵、煎醋温控、香醋勾兑和灌装加热全过程数据采集和调控的全自动化，初步形成适用于食品生产过程标准化控制流程。企业不断提升信息化，建设智能车间，打造食醋生产线专业MES（执行制造系统）。

2013年起，恒顺投资进行万吨级全自动生产线建设。新购入的氨基酸分析仪、全自动凯氏定氮仪、自动码垛机等智能化生产、试验、检测等设备达123台，加上对原有设备的自动化改造，车间自动化控制程度大幅上升，车间生产工艺数据自动数采集率、自控投用率达到90%以上。根据食品安全要求，建有全自动清洗CIP系统（原位清洗系统）。利用CIP系统，整个生产线可以在无须人工拆开或打开的前提下，在闭合的回路中进行循环清洗、消毒，大大提高了工作效率，产能也从过去的 4 万 t 提高到 10 万 t。

4. SAP 时代

进入 2015 年后，随着企业市场需求的扩大、企业生产规模的提升以及企业集团化运作，原有的 U8/ERP 系统已经显得捉襟见肘，系统运营维护经常出现问题，管理体系也显得比较落后。在原有系统上的修修补补已经很难支撑企业更高效的发展。恒顺在全国销售网络逐年快速增加，涉及的商品品类越来越多，横跨的地域越来越广，队伍越来越庞大。如何适应这些变化就成为现有系统难以解决的问题。

其次是功能上的局限。原有的系统流程是基于模块的，各个系统独立流程没有问题，但系统之间的交互能力较差，没有将流程在各个业务模块中打通，这是管理上的问题。比如智能灌装生产流程和现有 U8 系统如何集成，原有系统缺乏相应的接口。

再次是原有的系统弹性不够。销售市场千变万化，现在面临线上线下双渠道，而原有系统是基于线下的经销商销售模式，对互联网营销模式转型难以支持。

2020 年年初，恒顺经过慎重考虑，基于恒顺战略及数字化转型要求，紧紧围绕"做深醋业、做高酒业、做宽酱业"三大核心目标，公司高层研究决定引入国际先进的管理理念以及最佳业务实践，构建数字化核心平台，强化顶层设计，全力以赴推动公司高质量发展。经过反复认证调研，SAP 的功能和管理思想符合企业未来的发展目标，而 SAP 最佳的实施顾问是 IBM，恒顺最终确定了软件和实施方法，目标很清晰，就是希望借助数字化重塑管理变革，提升集团整体的创新能力、经济效益和竞争能力。公司于 2020 年 7 月正式启动"全数字化重塑项目"，经过 180 天的不懈努力，项目于 2021 年 1 月 1 日正式上线运行。

基于 SAP 的数字化系统平台通过业务价值链贯通，对 178 个业务流程和 58 个业务管理制度进行再优化，进一步提升了业务流程的标准化和规范化，更加开放的接口实现了各个业务模块的全流程整合，提升了整理的运营效率，实现了一体化卓越运营，快速提升供应链协同化管理、质量管理与控制、销售快速响应、数据规范化管理、生产精益化管理和财务业务一体化管理能力，为恒顺的全面、快速、可持续发展奠定基础。最典型的是智能生产线直接接入 SAP 系统，和采购、财务、销售无缝对接。SAP 在工厂整体设计布局方面充分考虑到智能工厂建设的需要，各种产线布局、网络布线均有数字模型，并且在中央控制台予以实时显示，完成了智能立体仓库案、自动化灌装线、质量检验中心能力提升等。整个 SAP 系统完全切入恒顺的日常管理中，产能也从 10 万 t 迅速提高到现在的 30 万 t。

恒顺基于 SAP，以财务稳固、高效运营和降本增效为突破口和指导思路，将 KPI 指标以及数据分析报表进行落地实施，通过水晶仪表盘（Dashboard）工具，以管理驾驶舱的形式，以高度浓缩的信息呈现实现交互式可视化；同时可以多层次多视角深度挖掘，帮助管理者发现问题根源，从而实现对恒顺醋业数据分析和决策的支持。

5. 智慧恒顺

目前，恒顺在信息化道路上还在继续前行，数字化是信息化不断迭代的升级过程，是信息化的另一个阶段，信息化是数字化的开始，我们可以把信息化看作数字化1.0，要真正实现数字化转型，企业的所有经营活动应该都是基于数据驱动的，当企业达到了这个阶段，可以称之为数字化2.0。无论数字化是什么，恒顺认为，最终目的是消除"信息孤岛"，不断促进数据流动，实现数据共享，为智能化运营和决策服务。从1995年恒顺首次将计算机引入香醋酿造机械化开始，恒顺始终都在根据自己的需求，基于自己的业务及战略需要发展信息系统。

2002年之前用友软件公司开发的系统是以操作流程为中心展开的，而2021年之后上线的SAP则是以系统集成整合为核心，而且随着系统的集成程度越来越高，恒顺越来越重视共享服务理念。

在恒顺180周年高质量发展峰会上，公司董事长杭祝鸿提出将持续推进实施SAP系统，提升恒顺的运营能级。着力打造云计算为基础的后台服务能力建设，提出建立数据中台，为前台服务，真正实现基于数据驱动的供给侧效能。

公司基于销售能力自动化（SFA）、经销商管理系统（DMS）和通路促销管理系统（TPM）平台，利用移动终端实现巡店访店、促销活动执行管理、门店与产品信息管理、市场活动的费用图片采集等方面精细化管理，市场推广方案决策以数据分析为基础，使市场决策更加精准高效。同时，可以应用后台数据评估市场活动效果，有助于精准营销。截至2022年，系统已覆盖全国25个办事处、600余名业务员和10万余家终端。

恒顺基于智慧零售（IR）平台，借助微信的社交化媒体功能，使用微信订阅号、公众号、个人号、社群、朋友圈以及小程序构成微信营销矩阵，捕捉市场动态（渠道、地理、时间、消费者），精准分析消费者画像、赋能，实现可执行的消费者洞察能力，打造跨越全渠道、深层次、更富场景化的消费者旅程，积累数据沉淀、标签、评价及调研，绘制客户画像，精准化推送个性定制化产品信息。同时，将相关数据反馈至新零售业态环节，积极打造品质基础上的个性化定制，抓牢年轻人的消费升级。

6. 尾声

在恒顺未来10年战略规划发布会上，恒顺CIO苏欣宁说："恒顺必须提高数字化水平和现代化管理能力，企业管理不能不精、不强，努力打造香醋品牌和文化是恒顺一直坚持的方向，我们不仅要靠敬业的态度，还要靠信息技术的平台，未来10年，没有科学的转型，就没有恒顺大企业的未来。"在"十四五"规划中，企业明确提出加快区块链+行业的融合机制，构建政府、行业协会、企业、经销商和终端消费者多中心的强信任体系，建立联盟链，共同制定标准，推进产业生态体系建设。

恒顺在行业内第一个提出了数字化科技转型概念，而这也是下一个 10 年恒顺努力的方向。大数据必将成为新的生产要素。数据不是刻意收集的，而是自然记录的，数据的价值在于是否被活用、数据与业务场景是否相匹配，恒顺还有很多事情要做。

目前，面临国际形势的风云突变，市场的不稳定性加剧，恒顺如何提高适应环境的柔性机制，还有很多问题需要解决，信息化是一条永无止境的道路。

问题：

（1）恒顺在不同的发展阶段遇到了哪些痛点和挑战？

（2）恒顺的信息化是如何推进的？

（3）恒顺的信息化关键成功因素有哪些？

第 7 章
IT 治理与投资决策

从分粥理论谈起：有 7 个人组成的小团体，其中每个人都是平凡而且平等的。他们没有凶险祸害之心，但不免自私自利。他们想用非暴力的方式，通过制定制度来解决每天的吃饭问题——要分食一锅粥，但并没有称量用具或有刻度的容器。如图 7-1 所示。

图 7-1　分粥情景

怎么做才能公平有效？我们可以想出很多方案：

1）推选一个人来分粥。

2）轮流来分粥。

3）组成分粥委员会和监督委员会。

4）轮流来分粥，负责分粥的人最后一个拿。

前两个方案既不会有效，也不会公平，人难免自私自利；第三个方案比较公平，但不有效，因为每次都要商讨；第四个方案既有效又公平。

从这个故事中我们可以知道：无论什么样的组织，制度至关重要，好制度的标准是有效、公平，好的制度产生的前提是好的体制，每个人都有充分发表意见的权利。一个单位如果有不好的工作习气，很可能是因为没有完全公平公正公开，没有严格的奖勤罚懒制度。

7.1　为什么需要 IT 治理

IT 的投资需求往往在某个单位或部门中具有图 7-2 所示的趋势。开始时，大家对 IT 的使用持全面怀疑的态度，领导迫于压力，不得不在某些部门先试点，经过一段时间，大家发现试点部门效率提高了，成本也降低了。其他部门也纷纷效仿，决定投入 IT，这就使得各部门数据越来越多，系统越来越复杂，业务要求越来越高，投入越来越大，技术人员的压力也越来越大，每天仿佛身处火山口，束手无策，担惊受怕。这时管理者才意识到 IT 的投资需要重新审视，逐渐开始回归理性，IT 治理也就变成了非常迫切的问题。

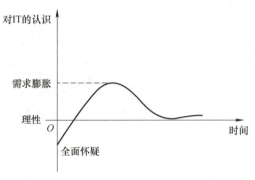

图 7-2　IT 需求变化

我们常遇到这样的场景：

公司老总：怎么又要投那么多钱？有回报吗？

业务部门老总：我们提需求那么久了，你们 IT 部门怎么还没做？你们再不把系统开发好，完不成业务你们负责？

信息主管：为什么做 IT 的经常处在与时钟赛跑的日子里？为什么我们老是成为业务部门的出气筒？

业务员：计算机系统怎么连这点事也不能支持？怎么系统又瘫痪了？我怎么完成工作呀？你们 IT 部门干什么去了？

IT 管理者：为什么每次出事都让我们从事 IT 管理的人备受挫折？

IT 工程师：这个决策要我来做吗？

显然，在一个具有一定规模的公司，如果没有一个好的 IT 治理结构和 IT 投资决策规范流程，将会使公司的管理陷入一片混乱。要解决这些信息化的乱象，传统的 IT 管理已无力面对这些挑战，需要引入公司治理的思想，从战略层面加强 IT 决策、实施、评价等方面的控制与管理，确保 IT 价值的实现。

7.2　IT 治理的定义和内容

IT 治理（IT Governance）是信息系统审计和控制领域中的一个相当新的理念，IBM 最早将此理念引入我国。IT 治理来源于公司治理，搞清楚 IT 治理之前，先来了解一下公司治理。

企业信息化管理与创新

公司治理有三个目的：①在所有权和控制权分离的情况下，解决经营者和股东之间的委托代理问题，从而保证股东的利益最大化；②在股权分散的条件下，协调所有者之间的关系，特别是保护中小投资者不被大股东侵权；③在股东追求利益最大化的情况下，协调利益相关者之间的关系。因此，公司治理是一套制度安排，它不仅规定了公司的各个相关利益主体（股东、董事会、监事会、经理层、职工等）的责任和权利，而且规定了公司决策所应遵循的规则和程序，以实现股东及其他利益相关者的利益最大化。

关于IT治理，中外学者给出了很多的定义，美国IT治理协会对IT治理下的定义是："IT治理是一种引导和控制企业各种关系和流程的结构，这种结构安排旨在通过平衡信息技术及其流程中的风险和收益，增加价值，以实现企业目标。"

国内有一种观点认为，IT治理是描述企业或政府是否采用有效的机制，使得IT的应用能够完成组织赋予它的使命，同时平衡信息化过程中的风险，确保实现组织的战略目标的过程。它的使命是：保持IT与业务目标一致，推动业务发展，促使收益最大化，合理利用IT资源，适当管理与IT相关的风险。

治理和管理是两个不同的概念，它们之间的区别就在于，治理是决定由谁来进行决策，管理则是制定和执行这些决策。

IT治理关注两个方面的问题，即IT治理的"什么"和"谁"。IT治理的"什么"是指IT治理应该做出哪些决策，IT治理的"谁"则是指这些决策分别应该由谁来做出。

那么，IT治理到底应该做出哪些决策呢？要找到这个问题的答案，必须先搞清楚一个问题，即组织到底需要IT发挥什么样的作用。不要想当然地以为这是一个可以简单回答的问题。实际上，不同的组织对于IT的需要是不一样的。组织到底需要IT做什么，在很大程度上取决于它处于一个什么样的商业环境。

一旦组织明确了自己对IT的需求，下一步就要解决IT治理做哪些决策的问题，也就是前文所说的IT治理的"什么"。IT治理的决策范围一般包括以下五个方面：

1）组织模式：组织是采取集权、分权还是混合的模式？

2）投资：组织将投资什么？投资多少？

3）架构：组织是着重于稳定性还是灵活性？这两者分别达到什么程度？应用系统是向外购买还是内部开发？是建立一个综合性的ERP系统还是多种系统？

4）标准：组织需要将什么技术标准化？采用什么标准？

5）资源：IT组织将利用什么类型的资源？这些资源的来源是什么？

那么，在公司内部，IT治理架构通常由IT组织、IT治理流程和IT制度三项内容组成。IT组织即明确成立一个什么样的组织架构、部门及人员体系；IT治理流程即明确IT项目的规划、立项、采购、开发/集成、试运行各个阶段的管理流程；IT制度即如何保证这些流程得以顺利完成，需要执行什么样的管理制度和考核办法等。

7.3 中国企业 IT 治理的三大支柱

中国企业 IT 治理的三大支柱：决策、激励和控制。兰德公司调查发现世界上每 100 家破产倒闭的大企业中，85% 是由企业管理者的决策不慎造成的。决策是 IT 治理的第一个支柱，明确 IT 战略与架构，企业架构（Enterprise Architecture）既是保证企业 IT 战略落地的桥梁，又是 IT 决策的基础和核心。当前决策中的主要问题是业务需求治理不足，IT 决策流程缺乏管控，以及多项目协调管理不科学。因此，需要对需求进行科学治理，建立合理的项目投资决策机制和流程，利用多项目管理进行优先级排序。IT 投资决策流程如图 7-3 所示。

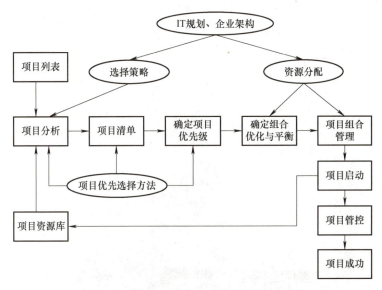

图 7-3　IT 投资决策流程

激励是指利用有效的方法去调动员工的积极性和创造性，使员工努力完成任务和目标。哈佛大学著名教授詹姆斯提出：如果没有激励，一个人的能力仅能发挥 20%～30%；如果加以激励，则可以发挥到 80%～90%。激励既包括人员的管理、激励、绩效，又包括 IT 部门的设置和 IT 部门的绩效评估，明确各部门、各岗位在信息化中的责、权、利。IT 治理委员会和 CIO 制度的缺失，是当前我国信息化建设制度安排上的"致命性"缺陷。需要从组织保障上设立 IT 治理委员会，实现最高管理层对 IT 的监管。员工激励路径示意如图 7-4 所示。

控制是保证 IT 决策落地的关键，保证 IT 与业务的一致性。墨菲定律：如果坏事有可能发生，不管这种可能性多么小，它总会发生，并引起最大可能的损失。因此，要居安思危，思则有备，有备无患。容易犯错是人类与生俱来的弱点，不论科技多么发达，事故总会发生。一个良好的治理结构和管控体系有利于企业长治久安。内部控制体系应从战略、机制、流程三个层面进行，战略上明确"做什么，不做什么"，在战略指导下，围绕环境、风险、活动、信息、监督等五个方面的具体要求，设计内部控制机制，建立控制流程，如图7-5 所示。

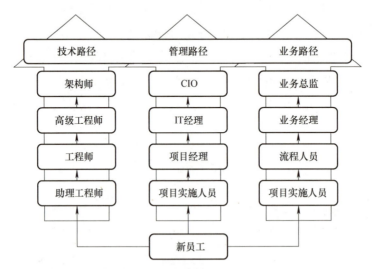

图 7-4　IT 员工激励路径示意

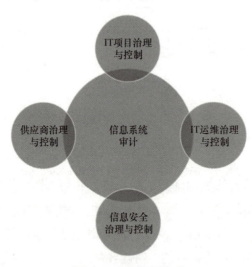

图 7-5　内部控制体系

7.4　IT 投资决策的关键任务

企业信息化是一个年轻的管理领域，不到 40 年的发展历程：理论不成熟、应用不可靠、技术难掌握、市场不规范、认识不统一、组织难保障、管理难落实。

企业现实：信息化投入两难抉择。从企业发展的角度看，不投入信息化是不可能接受的，但是投入信息化建设，取得的收益或回报难以令人信服。

关键任务一：企业战略规划、运营模式以及管理变革。明确企业战略目标、管控模式、运营模式和组织管理的发展；需要从流程的视角来看待企业的运营；加强组织管理和控制；开展企业业务流程改善或重组，以支持企业的成长和发展。

关键任务二：构建一个统一的公司信息系统平台。过去："烟囱"式结构，分散的组织，不同的应用、不同的技术、不同的文化、不同的数据定义、不同的发展思路。当前：统一的平台，统一的分层体系结构，统一的基础设施标准，统一的数据定义，统一的应用中间件平台。"烟囱"式结构和统一层状结构如图7-6所示。

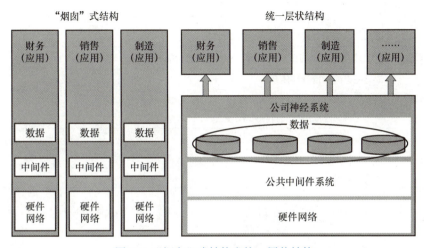

图7-6 "烟囱"式结构和统一层状结构

关键任务三：在公司内建设一个规范的专业信息化管理组织体系和信息化文化。过去：IT部门为无规范和协调的组织，员工在"玻璃机房"办公，维护公司的计算机和服务器，没有地位，职责不明，成为公司内"边缘人员"。当前：IT部门逐步形成有效的、规范的组织保障体系，有稳定的信息化的组织结构，形成良好的IT治理投资决策，明确的使命、任务、业务流程、考核机制，建立与公司协调的文化。

7.5 R公司IT治理

本节以R公司IT治理为例，简要描述一个集团企业如何进行IT治理，以提供参考价值。基本思路是：IT现状调查，确立目标；选择IT治理方法与标准；优化IT组织架构；建立IT项目管理流程；建设IT管理制度。

资料来源：http://www.docin.com/p-264490547.html。

7.5.1 IT 现状和目标

项目调查组经过对集团 IT 组织架构、IT 人力资源、IT 运维管理、IT 项目管理以及 IT 投资等情况进行梳理调研，形成表 7-1。公司已充分认识到 IT 治理的重要性，但还未形成完善统一的 IT 治理方法，IT 治理的行为和效果还处于初级阶段。

表 7-1　IT 现状调查汇总表

调查项目	调查结果	评价
IT 组织架构	全公司的 IT 力量分散 各地 IT 部门 2 条报告路线（向本部门报告和信息技术部报告）	中
IT 人力资源	没有完善的 IT 人员职业发展计划 缺乏统一的 IT 人员培训体系 缺乏完善的 IT 人员绩效考核与激励机制	低
IT 运维管理	IT 管理处于应急的被动式管理，缺乏统一完善的 IT 服务管理体系	低
IT 项目管理	缺乏完善的项目管理体系 没有围绕应用的完善的上线流程 缺乏完善的外部供应商管理体系	低
IT 投资	IT 采购效率低 与同业相比，IT 投资偏少 IT 投资比例失调	低

通过调研，R 公司确定把提高 IT 治理水平作为实现 IT 战略的重要因素，具体目标如下：

1）为了适应今后的业务发展战略，IT 组织架构应进行优化调整，整合和优化 IT 人力资源。

2）公司应完善针对 IT 人员的人力资源规划与管理。

3）应建立 IT 服务管理体系，改变以往被动式的 IT 管理模式。

4）建立完善的项目管理体系和应用系统的上线流程。

5）完善外部资源管理体系。

6）优化 IT 投资采购流程，加大 IT 投入，改善 IT 投资比例。

7.5.2 IT 治理的方法与标准

IT 服务管理遵循 ITIL（IT 基础架构库）标准，如图 7-7 所示，作为 R 公司 IT 治理流程的基础。ITIL（Information Technology Infrastructure Library）是由英国商务部针对国际上先进企业在推进信息化的过程中，IT 服务质量不佳的问题，对 IT 服务的提供方式、提供内容以及服务管理等方面的内容进行总结、提炼，形成的一整套富有成效的方法、规范和程序。ITIL 为 IT 战略、规划、运维到开发的全生命周期提供方法论的指导。

第 7 章　IT 治理与投资决策

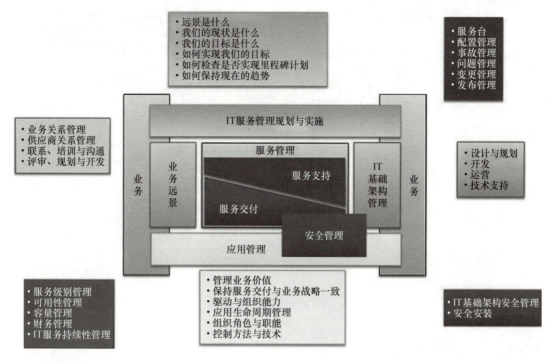

图 7-7　ITIL 的核心内容

举个例子，如图 7-8 所示，该流程没有对造成该事故的原因进行流程分析和配置管理，导致该事故反复发生，IT 人员疲于应付。

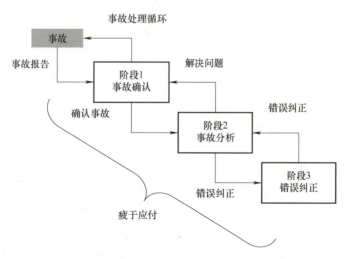

图 7-8　问题管理三阶段流程

如何对该流程进行优化，ITIL 提炼了问题管理五阶段流程，如图 7-9 所示。该事故的工作流程是造成事故、分析问题发生的根源，只有进行流程优化，才能从本质上解决问题，然后进行数据库配置管理，该问题将不再发生，得以彻底解决。

125

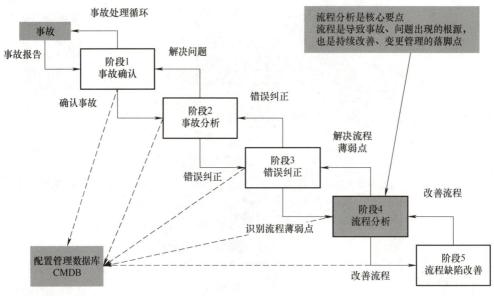

图 7-9 问题管理五阶段流程

7.5.3 IT 组织架构

该过程分为三个步骤，逐步落实。

第一步，在 R 公司框架内发展 IT 服务组织，实施垂直管理。实施服务水平协议管理（SLA），IT 独立核算，将信息技术部作为利润中心，清理和剥离资产，如图 7-10 所示。

第二步，通过 SLA 将所有子公司和挂靠部门 IT 服务剥离出来，由 R 公司 A 子公司信息技术部统一管理，提供服务支持，如图 7-11 所示。

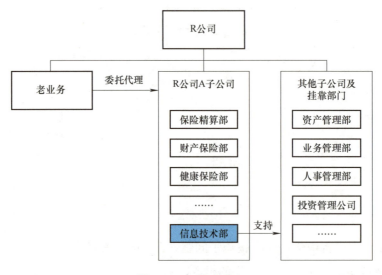

图 7-10 IT 资产独立

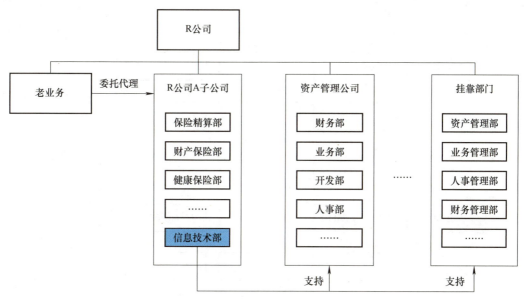

图 7-11　IT 服务独立

第三步,成立独立的 IT 服务组织(信息技术管理公司),为整个 R 公司及其他子公司和挂靠部门提供 IT 服务,如图 7-12 所示。

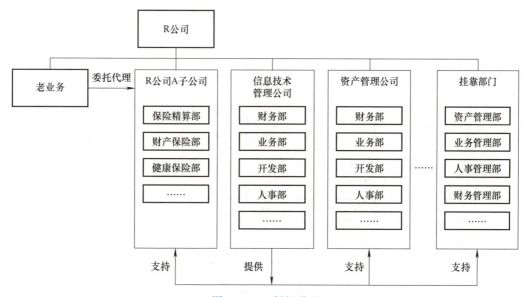

图 7-12　IT 部门独立

通过以上三步,最终实现了 R 公司 IT 服务由分散式向集中式控制方式转变。过去,子公司 IT 只对本部门负责,向子公司正式汇报,与总公司形成非正式关系。现在,子公司 IT 为需求部门,需求直接向总公司 IT 汇报,形成垂直化管理。IT 组织架构如图 7-13 所示。

127

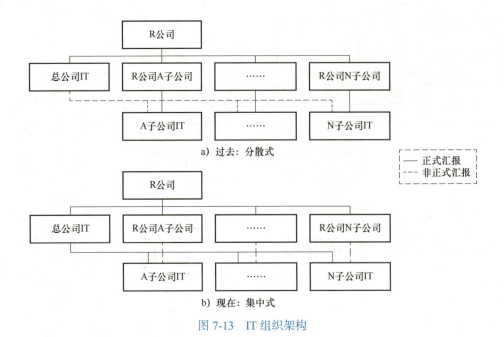

图 7-13　IT 组织架构

7.5.4　IT 人力资源管理

让 IT 人力资源也要有保障，在技术、管理以及技能上能够得到发展，并对 IT 人力资源建立绩效考核办法。图 7-14 明确了 IT 人力资源的职业发展方向。

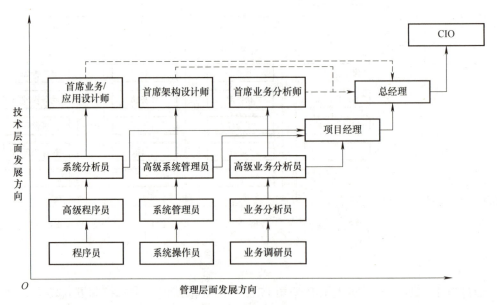

图 7-14　IT 人力资源职业发展方向

在明确 IT 人力资源职业发展方向的基础上，如何提升各层次 IT 人力资源的技能，需要进行不同的培训。表 7-2 列出了对于不同层级 IT 人员的培训体系。

表7-2 培 训 体 系

层　　级	培 训 内 容	培 训 思 路
高层管理人员	综合管理类在职培训	在职培训
项目管理人员	项目管理认证培训	
程序员系列	保险业务培训 软件开发培训 系统分析培训	
系统管理员系列	保险业务培训 系统软件、管理软件培训 网络、存储、服务器、数据库等培训	
业务分析员系列	高级保险业务培训 软件工程培训 应用系统、数据系统设计分析等培训	

同样，不同职业发展方向采用不同的绩效考核办法。表7-3列出了对于不同层级IT人员的考核体系。

表7-3 考 核 体 系

层　　级	考 核 办 法	考 核 思 路
高层管理人员	采用平衡计分卡的方法综合考核	关键业绩指标 目标管理
项目管理人员	按照项目管理的各个方面进行质量考核 采用360度考评办法进行考核	
程序员系列	按照职责划分评价表现 员工互评、领导评价	
系统管理员系列	按照职责划分评价表现 员工互评、领导评价	
业务分析员系列	按照职责划分评价表现 员工互评、领导评价	

7.5.5 IT项目管理流程

IT项目通常包括规划、立项、采购等三个阶段，因此需要分阶段明确具体流程。

1. 规划阶段

规划阶段的工作流程是规划管理，它是按照企业的战略规划和业务目标，根据各部门对IT的需求，结合IT行业的现状和发展趋势，制定企业的IT规划，并进一步形成企业年度的信息化建设计划。

2. 立项阶段

立项阶段包括以下三个工作流程：

1）需求管理：在项目正式立项之前，需要对用户需求进行认真评估和可行性分析，确定项目需求，提出项目初步设计方案，估算项目预算，形成项目立项申请报告。

2）大型项目立项管理：对项目预算超过 100 万元的项目，项目立项需通过信息化领导小组（含财务部门）评审，最后由企业信息化分管领导审批。

3）小型项目立项管理：对项目预算低于 100 万元的项目，项目立项需由企业信息化分管领导审批，最后提交财务部门评审。

3. 采购阶段

采购阶段包括以下两个工作流程：

1）招标管理：对项目预算在 50 万元及以上的项目，按相关规定必须进行招标。由信息中心、财务、监察以及相关部门组成招标小组，进行招标、评标和合同签订等相关工作。

2）谈判或比价采购：对项目预算在 50 万元以下的项目，按相关规定可以进行谈判或比价采购。进行谈判的项目由信息中心、财务、监察以及相关部门组成谈判小组，进行评审、谈判和合同签订等相关工作。进行比价采购的，由信息中心向三家以上供应商询价，通过比较后选择最优的供应商。

7.5.6　IT 管理制度

信息化工作涵盖信息系统规划、建设、整合、维护、管理，信息资源管理和开发利用需要制定以下 IT 管理制度：

1）计算机使用管理规定。

2）机房设施管理规定。

3）服务器及相关设备管理规定。

4）网络管理规定。

5）网络与信息安全管理规定。

6）信息资源管理规定。

7）计算机设备采购、维护和报废管理规定。

8）信息化项目管理规定。

9）信息化工作考核办法。

通过上述一系列过程，R 公司强化了 IT 组织，实现了垂直管理；优化了岗位设置，提高了组织效率；健全和规范了 IT 内部与外部流程，实现了标准化服务；建立了 IT 管理制度。

7.6　IT 治理的作用

IT 不可能让 IT 人员单独去管理，就像财务管理不可能让财务人员单独来管理一样，需要一个治理结构来决策和监控。因此，企业的 IT 治理机制期望能够：

1）解决"IT成本黑洞"。一是解决IT投入旱涝不均的问题，防止牛市中"高速路上换轮胎"；二是解决IT投资与收益脱钩的问题。

2）有效防范和界定"技术风险""业务风险"和"管理风险"。

3）解决信息化定位和技术团队问题，将信息化建设上升到企业战略层面，人才培养、储备和团队建设问题逐步改善。

随着IT在企业中的应用范围和层次逐步提高，首席信息官（CIO）的地位也越来越重要，从过去"玻璃机房"中的边缘人物，逐步成为技术部门负责人，甚至成为高层团队中的一员，负责将企业战略和信息战略相匹配与融合。未来，随着组织的成长，CIO更懂得企业战略的实现，更有可能成为CEO的首要人选。CIO的作用和地位演变如图7-15所示。

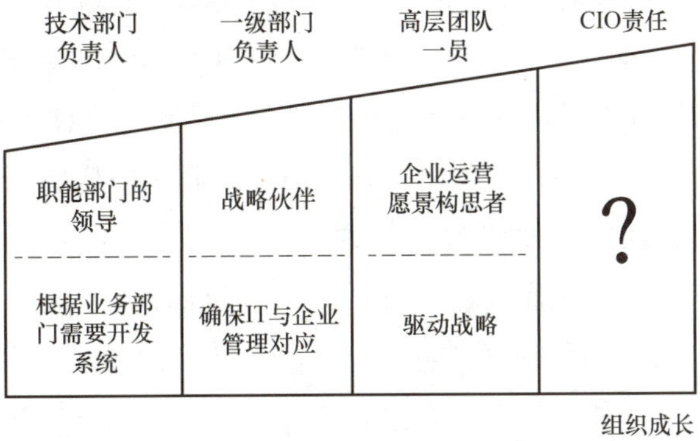

图7-15 CIO的作用和地位演变

首席财务官（CFO）关注投资决策和财务控制等成本问题，CIO关注系统架构、流程和IT管理等效率问题，一个在考虑怎么省钱，一个在考虑怎么花钱。CEO就要站在更高的层次去平衡二者之间的关系，思考如何实现企业的战略，把握更多的市场机会。CIO、CFO与CEO之间的关系如图7-16所示。

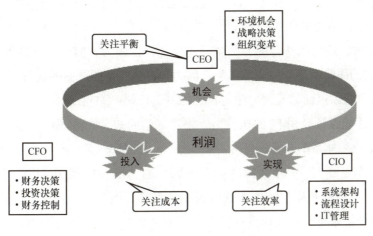

图7-16 CIO、CFO与CEO之间的关系

7.7 案例思考：三九医药贸易有限公司 IT 治理

近几年，深圳市三九医药贸易有限公司（简称三九医贸）成功上线了ERP、知识管理等大型信息系统，初尝IT甜头的各业务部门开始对IT格外重视起来，纷纷自行建造相应的系统、采购配置较好的硬件。渐渐地，全员重视IT在三九医贸产生了副作用：由于公司预算控制体系不够完善，业务部门重复投资IT且随意性增强，由于对IT项目风险缺乏周密分析、系统性规划和评估，致使项目失败率比较高。

李士峰是三九医贸信息中心经理。尽管他是公司信息化建设的负责人，但他只是部门负责人，由于权力和职责有限，业务部门对IT的"热衷"让他在欣喜之余有些无奈：对全公司IT项目无法进行统一管控，甚至业务部门自建了一套IT系统，他都不知情；而系统一旦出问题，他却不得不承担责任。他意识到在"泛滥"的热情下，公司对IT的执行力正在弱化，IT投资的回报率也在下降，长此以往，副作用将最终影响企业的信息化效果和进程。"当时，我的压力很大。"李士峰说。

2015年年初，李士峰想出了一个办法：在公司层面设立"项目管理委员会"，由总经理直接领导，再把各主要职能部门负责人拉进来，让这个组织充当起虚拟CIO的角色，负责公司所有IT项目的审批、验收、资金控制、人员职权和考核等，以填补公司层面对IT管理的空隙。由此，IT治理（IT Governance）的帷幕在三九医贸拉开。不过，当时的李士峰并没有意识到这就是"IT治理"——一个信息系统审计和控制领域中相当新的管理理念。

有专家指出，今天，信息化已与企业的业务、管理、战略密切融合，信息资源成为企业核心竞争力之一，法人治理结构中应当包含IT治理的要素。

经过几年的IT建设，三九医贸的信息化已经跨越了普及、对局部业务支持的阶段，IT系统开始集中在系统整合及业务价值链的高端——客户、市场等领域。在这些领域实施IT项目，需要高超的资源整合能力和全局思维能力，因为它们对业务的影响更大、风险也更大。"最大的风险就是业务变革风险，因为它将触及不同层面的利益。"李士峰说。IT到了这个阶段，亟须全面的规划，他有自己的一套理解："IT治理是IT规划的前提，因为只有通过治理才能保证公司IT的执行力，将跨部门的IT项目的管控权集中到公司层面。如果公司的IT执行体系不顺畅，想落实IT规划，非常困难。"

2010年，李士峰大学一毕业就进入了三九医贸，此后便一直在IT部门工作。多年的实践使他对IT与企业管理间的关系的认识不断提高。他认为，要解决信息化发展难题，企业必须有一个能平衡信息化建设责权利三者关系的CIO。"这样的CIO必须有副总以上

资料来源：李圆. IT治理内外兼修. IT经理世界，有改动。

的职位，否则很难在各业务部门之间、公司决策层中平衡 IT 项目建设带来的诸多矛盾与利益再分配。"李士峰曾多次建议公司的常务副总经理兼任 CIO 一职，但常务副总经理认为自己的时间精力有限，一直不愿兼任 CIO。在自己能力、权力和资源不够，副总经理的时间精力又有限的情况下，促进成立公司级的"项目管理委员会"，让这个组织行使 CIO 职责的想法很自然地出现在李士峰的脑海中。

2016 年，项目管理委员会正式在三九医贸运转。它由公司常务副总经理和信息中心、财务、审计、总经理办公室、人事等职能部门负责人，以及几位对 IT 关注度较高的经理组成。项目管理委员会有三名常务委员，分别是李士峰、总经理办公室主任、审计办公室主任。项目管理委员会的重点工作是：对三九医贸跨部门的 IT 项目进行立项论证审核、项目过程监控与项目结果评估。此外，项目管理委员会还负责监控 IT 项目规范执行。项目管理委员会定期给成员组织相关的研讨和培训。项目管理委员会例会、项目评审会由副总经理召集，评估标准和流程的制定、日常运作主要由总经理办公室和信息中心负责。

李士峰认为，成立项目管理委员会最直接的好处是：将 IT 规划变为公司高管广泛参与、达成共识的过程。"还有，通过项目管理委员会将跨部门 IT 项目的管控权集中到公司层面，使 IT 的整个执行体系变得顺畅。"

2016 年年初，在一次项目管理委员会例会上，三九医贸设备管理部门建议公司实施设备管理项目。以前，这样一个投资不到 10 万元，相关领导批准后，财务部就有权实施，无须经过高层讨论。项目管理委员会产生后，将三九医贸所有的 IT 项目立项、执行都集中起来。项目管理委员会在分析完设备管理项目的投资分析表后发现，服务商推荐的设备管理方案需要公司购买管理软件。有委员指出："这是一家小公司，万一这家服务商业务发生调整或变革，无法兑现后期服务，那对公司而言，投入会打水漂。"最终，该项目的立项被停止。半年后，精打细算的财务部发现了一种新的设备管理收费模式：无须投资购买软件，可以租代买。设备管理项目又被列入项目管理委员会的议事日程。这次，项目管理委员会对新模式表现出了极大兴趣，"新模式可以一边投资一边取得回报。"渐渐地，利用投资成本、效率、流程规范、数据完整性等指标全面分析 IT 项目风险的理念开始在三九医贸的项目管理委员会成员中形成。

作为虚拟 CIO，项目管理委员会协调跨部门或涉及业务变革的 IT 项目的能力无可比拟。目前，三九医贸正在准备启动营销信息化项目，"通过委员会整合资源、全面布局，可保证项目顺利实施"。

三九医贸的项目管理委员会从提议到成立经历了半年多的时间。在这期间，李士峰对 IT 治理的认识也由懵懂到系统了解。直到项目管理委员会正式开始运作，他才觉得脑中关于 IT 治理的框架有了施展的空间。但李士峰在公司内并不太提"IT 治理"这个理念，他怕"治理"一词会引起一些不必要的反感，"我只是想把事情做好"。

企业信息化管理与创新

李士峰将IT治理分为三个层次：IT部门的管理、跨部门的IT治理、公司决策层面的治理。

中国信息化推进联盟IT治理专业委员会副主任孙强指出，IT治理是指企业最高管理层监督经营层在IT战略的过程，以确保IT运营处于正确的轨道上。IT管理是公司运营信息及信息系统的行动。在李士峰看来，企业缺乏良好的IT治理模式，即使有"很好的"IT管理体系（实际上是不可能的），就犹如地基不牢固的大厦。同样，没有顺畅的IT管理体系，再好的IT治理模式也只能是纸上谈兵。

对于公司层面的IT治理，李士峰主要通过项目管理委员会这个平台逐步推进，他希望最终做到整合全公司的信息。他在推进项目管理委员会的同时，也在紧锣密鼓地改造自己部门的内部管理。对他而言，"治内"的工作更从容、更容易掌控，因此他采用的管理措施看起来也更加独特和有效。

为配合公司层面的IT治理，李士峰在三九医贸的信息中心采取了服务、规范、整合的三大策略。为此，他正式启动了"信息中心服务制度"，专门面向内部客户提供服务，彻底改变信息中心被动接受任务的工作方式。李士峰提出"客户"的概念，是为了转变信息中心员工的服务理念。现在，为了提高服务质量、响应速度，李士峰在部门内设置了服务App，用来实时处理总部和各销售片区的IT求助问题。

在服务好内部客户的同时，为了增强与业务部门的沟通，李士峰还在部门内大力强调内部营销，制定了《IT服务指南》。如今，内部客户对他们所提供的服务满意度大幅提高。目前，三九医贸的信息中心已经建立起服务、维护、项目管理三大规范，给业务部门的IT项目实施与管理提供了范本。当信息中心理顺部门内部管理后，过去每日忙乱的员工觉得自己的工作变得井井有条且富有成效，考核体现也因为尽量量化而显得更公正。

专家指出，在现实工作中，如果IT负责人遇到以下难题，则表明他已经在考虑IT治理问题：如何应对日趋复杂的IT应用环境；如何缔造合理而有效的信息化建设与运营模式；如何以科学发展观看待IT与业务、管理和企业战略的融合；如何评估信息化在企业应用中体现出来的价值；如何识别和控制信息化过程中的风险，确保业务可持续运营。要想解决这些问题，无不需要IT负责人调动公司整体资源和运用全局思维能力。从这个层面上讲，IT治理或许能成为IT负责人借力为信息化造势的由头。

问题：

（1）三九医贸IT治理产生的背景是什么？

（2）三九医贸信息中心经理李士峰做了哪些工作？

（3）IT治理和IT管理是一回事吗？

（4）三九医贸通过IT治理能够达到哪些预期？

第 8 章
信息系统建设

信息系统建设是一项长期、复杂、投入高的社会化系统工程。在建设过程中,规划是项目能否成功的关键,在搞好规划的基础上,开展信息系统项目建设,能起到事半功倍的效果。随着云计算的兴起,外包已成为中小企业信息化建设的主要方式,但外包也存在风险。

8.1 信息系统规划

信息系统规划是指通过分析企业的战略目标和企业运营模式,决定信息系统的发展方向(需求和能力)、信息系统与 IT 方案、实施策略和计划、预算等。信息系统规划需要避免:系统可能在技术上是成功的,但在组织的层面上却是失败的。

8.1.1 信息系统规划常见情境

1. 闭门造车,只重形式

中国有长期计划经济的传统,大多数企事业单位,尤其是国有大型企业与政府部门,都要做规划,至少在程序上每五年做一次。同样,对于信息化,规划的意识与程序也是不缺的,但是在规划的具体做法上,很多单位只是找几个"秀才",闭门造车,采取写报告的方式,既不做业务模式与业务需求分析,也不做各层面管理者与业务人员的访谈调研。规划的基础是"拍脑袋",揣测领导思路,方法是"艺术创作"式的堆砌文字,最后虽然形成了一份听上去很美、很能打动人(当然主要是打动领导)的报告,但实际上这样的规划只是形式而已,根本无法执行。

2. 技术视角,脱离业务

很多企事业单位的 IT 规划,只当成 IT 技术人员的一项分内工作。技术人员在编制规划时,只是简单地从技术视角出发,或者从本部门或本岗位的工作需要出发,不去关心企业的业务发展战略,对业务的流程体系与业务需要不做深入分析,也不与业务人员进行充分沟通。IT 规划与业务严重脱节,规划变为 IT 工作内容(或 IT 项目)列表、IT 设备采购清单，甚至只是一份技术研究报告。这样的规划根本不是规划，带来的不只是信息化建设的尴尬，还会造成投资失误、技术架构失策、IT与业务各行其是等严重后果。

3. 好高骛远，脱离实际

许多企事业单位管理者明白信息化规划是一项专业性很强的工作，需要专业的人士，采用专业方法，凭借专业工具来完成，需要导入国际上先进企业信息化标杆。考虑到依靠内部力量，很难完成一份专业、高水平、高层次的信息化规划，需要引入外部资源，甚至只是对国际上知名的咨询机构顶礼膜拜。规划的过程过分依赖外部力量，过分看重标杆的指引，而没有潜下心来，认真分析自身的实际情况与差距，没有分析标杆能否成功导入的现实情境。这样形成的IT规划，虽然看起来很有高度，但同样无法执行。唯有规划者能够看清企事业单位的本质，基于企事业单位业务与管理的实际情境进行分析，才有可能使规划符合实际，至于引入的专家或咨询机构的名气有多大，这只是一个虚幻的感觉而已。

4. 绕开架构，无法落地

IT规划是不同层面的规划构成的一个完整体系，初步可分为IT战略、IT架构与IT项目（或IT系统）三个层面。其中，IT架构是核心，它是连接IT战略与IT系统的桥梁，当然这个层面也是最难做的。完整的IT规划，需要对各个层面进行明确的描述。但由于企事业单位管理者与信息部门人员对IT规划认识不足，提供IT规划咨询服务的机构如果对企业缺乏了解和深入调研，IT架构层面的规划往往被忽略，或只是简单提到，并没有细化到可执行层面。如果企业按照这样的规划去实施，则IT战略无法落地，信息化也就不能推动业务战略落地。

5. 计划粗放，无法执行

IT规划是为IT系统实施服务的，规划只有可执行才有意义。IT规划需要细化为一系列的具有明确时间节点的行动计划（项目计划或任务计划），并确定执行计划的负责人，以及相应的团队，再加上相应的保障措施和培训，这才有可能使规划得到较好执行。但是，很多企事业单位制定的IT规划没有明确细化的行动计划，没有确定执行计划的负责人，没有相应的保障措施，也没有进行培训宣贯。虽然制定了远大而鼓舞人心的信息化愿景、基本原则和漂亮的IT架构蓝图，但是实施人员就是不知道从哪里入手落实规划。

8.1.2 诺兰模型

美国管理信息系统专家理查德·诺兰（Richard Nolan）通过对200多个公司、部门发展信息系统的实践和经验的总结，提出了著名的信息系统进化的阶段模型，即诺兰模型，如图 8-1 所示。诺兰将计算机信息系统的发展道路划分为三大阶段，任何组织由手工信息系统向以计算机为基础的信息系统发展时，都存在着一条客观的发展的道路和规律，不能实现跳跃式发展。

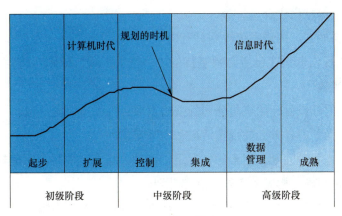

图 8-1　诺兰模型

诺兰模型启示如下：

1）信息系统建设是一项长期、复杂、投入高的社会化系统工程。

2）信息系统是伴随着计算机技术的应用和发展而实施的，其发展的各阶段是人类对信息系统应用的认识逐步提高的过程，各阶段是不能跳跃的。

3）应该吸取别国的经验教训，避免盲从，少走弯路。根据自己所在国家、地区、单位的实际情况，规划一套切实可行的信息系统建设方案。

4）无论是在确定开发管理信息系统的策略，还是在制定管理信息系统规划的时候，都应首先明确本单位当前处于哪一个阶段，进而根据该阶段特征来指导信息系统建设。

8.1.3　如何进行信息系统规划

"Why-How-What"的黄金圈法则提供了信息系统规划的方法论指导，从 Why 出发，探究问题的本质，是快速分析问题根源的一把利器，即为什么要建设信息系统。思考模式是先从 Why 出发，为什么要这样做，这样做的理念是什么，从内心激发出感性的情感，产生驱动力，进而再思考 How，设定目标一步步解决；最后做出来的结果就是 What，更加贴合最初的理念。

IT 项目的建设，总是需要围绕流程来做，比如一条常规的采购流程，一般需要做好以下几件事情：首先，需求部门生成采购申请；然后，采购部门把采购申请转换成采购订单，并且下达给供应商；接下来，供应商把货物送过来以后，质检部门要验货，仓库要办理收货入库；最后财务部门接收采购发票，并且付款给供应商。搞清楚流程，接下来就要思考：该流程有问题吗？有什么样的问题？应该如何去改变？需要什么样的信息系统？

这就需要企业首先进行信息资源规划，通过信息资源规划，可以梳理业务流程，搞清信息需求，建立企业信息标准和信息系统模型。用这些标准和模型来衡量现有的信息系统及各种应用，符合的就继承并加以整合，不符合的就进行改造优化或重新开发，从而能积极稳步地推进企业信息化建设。

对于整个公司而言，信息系统规划具有以下作用：

1) 有助于体现信息化建设所必须坚持的"一把手工程"原则，将信息化建设作为公司重大项目开展实施。

2) 将信息化的建设目标始终与公司的战略发展目标保持协同一致。

3) 有助于全面了解各方面的现实情况和实际需求。

4) 在综合考虑各种问题和因素的情况下，能从公司全局着眼，明确规划内容和重点，分出轻重缓急，进而确定相应的实施步骤和计划。

5) 能防止重复投资，统一公司资源，有计划、分步骤地集中搞好建设。

对于部门而言，信息系统规划具有以下作用：

1) 能有效避免因各自为政、自行规划而导致的应用信息系统功能单一、规模小、分散独立、难以有效整合、形成一个个"信息孤岛"等弊端。

2) 能有效明确信息化的整体规划将始终以部门的需求为导向，有助于将精力集中到对自身需求的分析上，防止因处理部门之间协调、接口等问题的大量损耗。

3) 信息化的整体规划将在公司内积极倡导"信息共享"的企业文化，采取多种手段和措施，疏通信息渠道，促进信息交流和共享，使得各部门能最大化地有效利用公司内外的信息资源，节省以往为获得相关信息而投入的大量的人、财、物等资源。

因此，缺少信息系统规划，企业将面临信息系统建设没有方向和目标；组织战略和关键业务得不到支持；"信息孤岛"、重复建设；技术风险和投资风险，有限的资源不能用在刀刃上；利器也将成为企业的包袱。还曾记得有句英文是"If you don't know where you are going, any road will take you there"，中文意思是"如果你不知道你要去哪里，那么你只能随波逐流，无所适从"，也许说的就是这个道理吧！

信息系统具有周期长、投资大、不确定性高的特点，好的规划加好的开发一定是一个优秀的系统，好的规划加差的开发仍然是一个好的系统，但差的规划加好的开发是一个差的系统，差的规划加差的开发一定是一个混乱的系统。

8.2 信息系统规划方法

信息系统规划方法主要有关键成功因素法（Critical Success Factors，CSF）、战略目标集转化法（Strategy Set Transformation，SST）、企业系统规划法（Business System Planning，

BSP）以及基于 BPR 的信息系统战略规划方法。

8.2.1 关键成功因素法

关键成功因素法主要包括目标识别、CSF 识别、性能指标识别和数据字典定义，最终转换为实际行动，如图 8-2 所示。

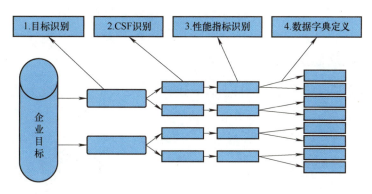

图 8-2 关键成功因素法

比如，某企业要提高产品竞争力，需要从缩短设计周期、加强作业计划、提高质量、材料采购与配套、降低成本和市场服务几个方面进行，再将这些目标进行分解，识别出各个目标的关键因素，转化为关键指标，最终落实到可操作的动作。关键成功因素法应用实例如图 8-3 所示。

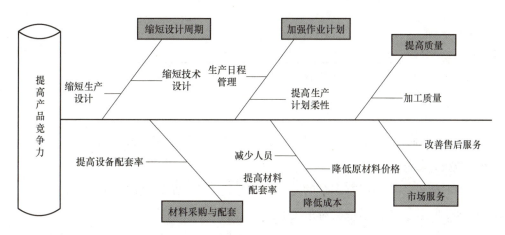

图 8-3 关键成功因素法应用实例

8.2.2 战略目标集转化法

战略目标集转化法需要描绘出组织各类人员结构，然后识别每类人员的使命、目标、战略及其他变量，再将这些目标集转化成 MIS 战略，如图 8-4 所示。

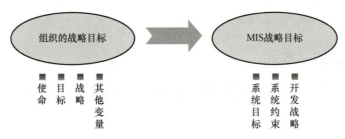

图 8-4　战略目标集转化法

8.2.3　企业系统规划法

企业系统规划法是将企业目标自上而下分解，然后自下而上转化为系统目标的过程，如图 8-5 所示。

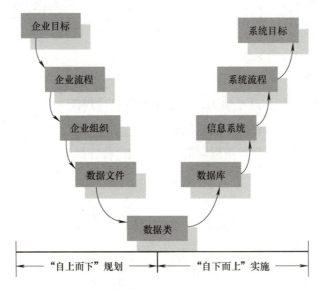

图 8-5　企业系统规划法

数据类的识别采用 U/C 矩阵，其中，U 表示某个过程使用了某数据，C 表示某个过程产生了某数据，如图 8-6 所示。

如图 8-6 所示，某些列有多余的 C，某些列缺少 C，某些列缺少 U。U/C 矩阵经过调整后如图 8-7 所示，将 C 尽量往对角线上移。

在求解后的 U/C 矩阵中画出一个个的方块，每一个小方块即为一个子系统。

划分时应注意：沿对角线一个接一个地画，既不能重叠，又不能漏掉任何一个数据和功能；小方块的划分是任意的，但必须将所有的"C"元素都包含在小方块内。最终得到图 8-8 所示的功能系统集：经营计划子系统、技术准备子系统、生产制造子系统、销售子系统、财务子系统以及人事子系统。

功能	数据类 客户	订货	产品	工艺流程	材料表	成本	零件规格	材料库存	成本库存	职工	销售区域	财务计划	计划	设备负荷	物资供应	任务单	列号Y
经营计划		U				U						U	C				1
财务规划					U						U	C	C				2
资产规模													U				3
产品预测	C		U									U					4
产品设计开发	U		C	U	C		C						U				5
产品工艺			U		C		C	U									6
库存控制							C	C						U		U	7
调度			U	U				U						U		C	8
生产能力计划				U										C	U		9
材料需求			U		U			U								C	10
操作顺序				C										U	U	U	11
销售管理	C	U	U					U			U						12
市场分析	U	U	U								C						13
订货服务	U	C	U					U			U						14
发运		U	U					U			U						15
财务会计	U	U	U					U		U		U					16
成本会计		U	U			U						U					17
用人计划										C							18
业绩考评										U							19
行号X	1	2	3	4	5	6	7	8	9	10	11	12	13	14	15	16	

图 8-6 U/C 矩阵

功能	计划	财务计划	产品	零件规格	材料表	材料库存	成本库存	任务单	设备负荷	物资供应	工艺流程	客户	销售区域	订货	成本	职工
经营计划	C	U												U	U	
财务规划	U	C													U	U
资产规模		U														
产品预测			U									U	U			
产品设计开发	U		C	C	C						U					
产品工艺			U	U	U	U										
库存控制				C		C	U	U								
调度			U			U	C	U	U							
生产能力计划								C	U	U						
材料需求			U		U					C						
操作顺序								U	U	U	C					
销售管理			U	U		U						C	U	U		
市场分析			U	U								U	C	U		
订货服务			U			U						U	U	C		
发运			U	U		U						U		U		
财务会计	U	U	U			U						U		U		U
成本会计	U	U	U		U									U	C	
用人计划																C
业绩考评																U

图 8-7 U/C 矩阵调整

功能		数据类											
		计划	财务计划	产品	零件规格	材料表	成品库存	材料库存	任务单	设备负荷	物资供应	工艺流程	客户	销售区域	订货	成本	职工

功能		计划	财务计划	产品	零件规格	材料表	成品库存	材料库存	任务单	设备负荷	物资供应	工艺流程	客户	销售区域	订货	成本	职工
经营计划	经营计划	C	U												U	U	
	财务规划	U	C													U	U
	资产规模		U														
技术准备	产品预测			U									U	U			
	产品设计开发	U		C	C	C							U				
	产品工艺			U	U	U						U					
生产制造	库存控制						C	C	U		U						
	调度				U			U	C	U	U						
	生产能力计划									C	U	U					
	材料需求				U		U	U			C						
	操作顺序								U	U	U	C					
销售	销售管理			U	U		U						C	U	U		
	市场分析			U									U	C	U		
	订货服务			U									U	U	C		
	发运			U	U		U						U	U			
财务	财务会计	U	U	U			U						U	U			U
	成本会计	U	U											U		C	U
人事	人员计划																C
	人员招聘/考评																U

图 8-8 功能系统集

8.2.4 基于 BPR 的信息系统战略规划方法

信息系统的成功实施依赖于企业过程、组织管理乃至管理模式的变革，信息系统的需求应该来自优化以后的企业运营及其管理，基于 BPR 的信息系统战略规划方法由此产生。

某企业长远发展战略目标是要在电子信息领域成为世界级领先企业，目前该企业处在追赶世界级通信公司的时期，在技术水平、市场规模、营销水平、生产能力以及管理水平等方面都存在着一定的差距。该企业希望通过第二次创业，保持持续高速发展，与国际接轨；管理水平达到国际标准；市场营销跨国化，具有国际竞争能力，未来 10 年，在多个产品、多个领域达到世界级企业同期水平。该企业使用关键成功因素法分析企业战略目标，如图 8-9 所示。

然后将关键成功因子映射到关键业务流程，如图 8-10 所示。最终将关键业务流程转化为信息系统。

不管基于什么样的信息系统规划方法，都要注意：核心信息系统战略与组织发展战略一致；业务流程的改革与创新是基础；解决问题的有效性是关键；可扩展性是重要指标；人、管理、技术应协调发展，尤其要注意解决"管理体系孤岛"问题。

"管理体系孤岛"给企业带来的另一个问题是直接造成了各种流程上的断点。企业在内部建立这么多的管理体系和制度，其根本目的是更好地满足客户及利益相关者的需求，同时符合法律法规的要求。因此，企业各种管理制度最终应构成一套"端到端的流程"。"端到端的流程"是指为了满足来自客户、外部监管机构及利益相关者需求的一系列连贯、有序的活动的组合。"管理体系孤岛"恰恰使得企业"端到端流程"中产生了很多的断点，这些断点直接带来了一系列的管理问题。

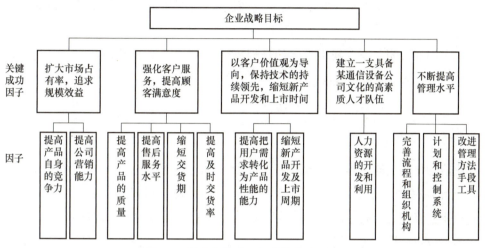

图 8-9 某企业战略目标关键成功因子

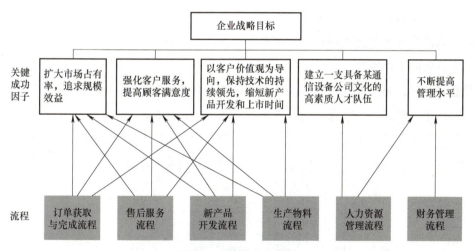

图 8-10 关键业务流程

比如，某电信公司发现大客户对其利润所做出的贡献越来越多，决定成立大客户管理部并由此部门重新梳理和优化其 VIP 服务流程，以期提高这批客户的满意度，进而提高其忠诚度。结果，此大客户管理部设计出了一整套高质量的服务流程，比如在营业厅有专门的 VIP 室，有特定的服务流程等。但当大部分的服务都堪称一流时，整个流程的最后一个环节（即付费环节）却没有特别的安排。结果，当一个客户在 VIP 室享受了一整套贵宾服务后，还需要在普通的营业大厅排队付费，造成客户非常不满。究其原因，是因为付费管理体系是企业内控管理的关键节点，由专门的部门负责，并在公司内部实行垂直管理。

再如，某制鞋企业刚刚完成了一个流程优化项目，其最核心的快速补货流程的效率得到了大幅提升。正当整个项目组为之欢欣鼓舞并准备摆庆功宴时，突然收到来自质量管理团队的投诉，称流程优化项目组擅自更改运营流程将极有可能导致下个月 ISO9001 的年审无法通过。

上述案例都说明了企业缺少整体的规划，"信息孤岛"现象普遍存在，部门之间缺少协调沟通，导致项目建设出现混乱。

8.3 信息系统建设

企业信息化建设的主体工程通常从基础设施、信息资源和应用系统三个方面展开，如图 8-11 所示。基础实施主要是建设物理平台，包括计算机网和通信网；信息资源通过梳理企业的业务流程为企业建设统一的数据平台，只有将数据进行全范围的统筹，才能保证数据在各个应用系统中的顺畅流通；应用系统是基于数据平台之上的功能应用，具有良好的实用性、灵活性、可扩展性以及便于集成的特性。

信息系统项目建设按软件来源途径主要有三种方法：①自主开发；②基于软件包的二次开发；③信息系统外包。每种方法都有自身的优点和缺点，但总体来说，企业信息系统建设越来越倾向于外包方法。

信息系统外包是指把公司计算机中心部分或者全部维护职能、通信网络、应用开发等通过合同外包给外部的供应商。应用服务供应商（Application Service Provider）由此产生，即通过互联网为企业、个人提供配置、租赁和管理应用等外包服务的专业化服务公司。随着云计算的应用范围不断扩大，信息系统外包将得到企业的广泛认可，并迅速普及。

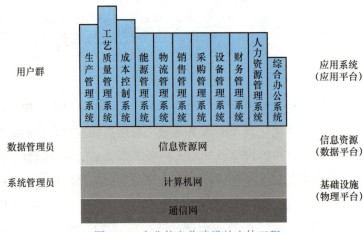

图 8-11　企业信息化建设的主体工程

外包的优点有：①经济；②服务质量高；③技术和服务可变性；④使固定成本变得可变；⑤节省了人力资源成本；⑥不占用太多的资金。

但外包的缺点和风险也同样存在，包括：①企业对自身的信息资源失去控制；②关键信息的安全性不能保证；③对供应商成长的依赖性，通常是"单向马路"；④存在隐含成本，如寻找服务商的成本、与服务商谈判的成本、管理外包的成本、接触合同的复杂性等。当前企业信息系统外包面临的最大问题是信息系统外包后，如何解决企业的后顾之忧，建立相互之间的长久信任关系。这就像我们将钱存在银行，没有人担心钱被偷，因为有法律来保障。因此，首先要从法律和制度上去规范外包服务供应商，因为仅靠企业自律和道德去约束行为是不够的，也很难令人信服；然后通过协议来规范相互之间的行为，明确双方在信息系统投资建设中的责任和义务。

8.4 案例思考：唐潮中小企业的信息化之路

王敏于 2005 年毕业于电子商务专业，那时正是电子商务创业发展高峰期，她一直在思索自己的创业方向，最终把目光锁定在了大学校园，主要考虑大学生对潮流服装的追逐。那时候电子商务并不普及，王敏确定了线下的营业方向，在一开始的试错环节后确定了主体营业方向是男士服饰零售，最终确定了自己的创业方向，开启了一家线下的男士服饰零售店——唐潮。

在创业初期，王敏查阅相关资料，阅读了国家发展改革委解读的国民经济和社会发展信息化"十一五"规划，对大局有了相关了解，认识到党的十五届五中全会提出要大力推进国民经济和社会信息化，党的十六大提出将信息化带动工业化、工业化促进信息化作为走新型工业化道路的战略举措。社会逐渐步入信息及资源的时代，企业通过各类管理信息系统，将海量数据加工为企业所需的信息，实现更高效率的企业管理。

虽然了解了大局，但作为一个小微创新企业，开始时，王敏还是手写开票、手列表格，有时候使用 Excel 表格进行简单的信息处理。依靠人工在计算机上将入库、出库、库存盘点的数据录入到 Excel 中，存在着诸多弊端：操作慢、效率低，后期查询非常麻烦。

在这个过程中，王敏发现许多商品的信息以及库存信息时常发生误差，与店铺实际经营情况不能准确对应。自 2012 年以来，正值信息化时代高速发展阶段，加之店铺运营规模扩大，所需管理的数据庞大，王敏处在信息化时代浪潮的发展阶段，首次引入管理信息系统，有了系统后王敏能更好地掌握店铺的运营情况。

王敏最初选择的管理信息系统虽将各操作流程汇集于一个系统上，但在使用的过程中，王敏逐渐发现了其不足之处：功能较少，许多数据的输入还是需要依靠人工输入，并

○ 资料来源：张莉，周馨瑶. "唐潮"从 0 到 N：中小企业的信息化之路. 中国管理案例共享中心，有改动。

企业信息化管理与创新

且还伴随着采购库存等相关的数据库不能交互操作，后台数据不能自动更新，这为店铺管理没有带来实质性的进步。于是，王敏在2016年对原有系统进行了升级，上述问题也有了明显改善，店铺的运营也更为流畅，但近几年移动端应用程序开始出现在人们的视野中并逐渐流行起来，王敏发现这个系统逐渐显露出不足，就是无法与手机端连用，只能在PC端固定使用而不能实现移动端的随时性操作。

2019年，经朋友介绍，王敏将"日进斗金"作为商铺的MIS（管理信息系统），定期向软件运营商付费从而使用旗下的MIS，其主要功能有进货管理、库存管理、上下架管理、商品管理等。与之前的MIS相比，"日进斗金"有两个明显的好处：一是可以通过移动端实现PC端的各项管理操作；二是可以直接通过手机录入商品信息，然后连接小票机进行打印，之前的系统则需要人工手写。

"日进斗金"可以通过采购页面向对应的采购商提交订单，供应商发货至商家验收并开具发票，商家财会人员审核订货单副本、验货单和发票，确认无误后收货，否则联系供应商进行售后处理。后续将货物纳入仓库，员工通过采购表信息，在库存管理中点击确认收货后，系统自动更新商品库存。员工根据当季时令以及流行趋势，对商品进行选择性的上下架处理，还可以对商品进行基础的信息管理，如修改定价、打印小票等，实现了多个数据库信息交互，进货表的数据变化会引起库存表的数据同步更新，操作更加便捷。这些管理互相实现闭环操作，在进货过程中，商家在服务端后台可以看到商品的详细信息，从而进行细致化进货并对库存进行实时查看。与此同时，在更便利的后台支撑下，王敏的店铺销售额也实现了逐步稳定增长，店铺的运营流程更加流畅。

在"日进斗金"稳定运行并熟练使用后，王敏为了更好地做好客户管理，于2020年引入了客户管理系统，该系统可以培育客户资源并且能提供客户的信息数据，为后期的进货、配货提供分析和决策支持。在客户管理的基础上，王敏还引入了会员制，为客户提供差别化的服务和精准的营销策略，提升客户的消费体验，增强客户忠诚度，让客户在购物过程中有完美体验。

通过这两个系统的有机融合，唐潮的信息化建设道路逐渐成熟，商品的管理与客户管理相结合，通过多种后端提供跨平台的交互和服务方式等。唐潮的营业额也较引入这两个系统前增长了34%，并在逐步稳定上升。

王敏也不断寻求进一步加强信息化建设的方法，她在2020年4月看到了国家发展改革委、中央网信办印发的《关于推进"上云用数赋智"行动 培育新经济发展实施方案》的通知。借这个契机，王敏于2021年年初引进了云端存储服务，使用"阿里云"将各类信息存储在云端。通过SaaS模式，减少了购买信息管理系统的成本，可以通过相对低廉价格，阶段性支付软件服务方费用，减轻了进行信息化建设的压力。但在实施的过程中也出现了一些不便，大多数操作还是使用"日进斗金"进行运营。比如，"阿里云"在维护

第8章 信息系统建设

时不能使用，导致信息不能及时同步，存在信息差，不利于商铺的管理，并且在库存管理等功能方面出现了与"日进斗金"相冗余的地方，没有实现多种系统的集成运用，造成了资源浪费。

大时代背景下，作为中小企业，唐潮在自身信息化水平不断发展提升的过程中，由于受到要素成本过高、技术人才缺乏、整体管理体系还不够完整等各方面因素的限制，其信息化程度还有提升空间。王敏通过加强内部沟通与培训，进行详细的调研，分析管理需求，明确自身经营体系以及管理方针，从而不断完善在信息化建设中出现的不足之处。在不断完善自身信息化建设方面，王敏表示更加智能化管理还未被引进，基于数据驱动的数字化转型还在路上。

问题：

（1）唐潮的信息化之路可以用什么理论来阐述？

（2）信息系统的采纳主要受哪些因素影响？是否有理论支撑？

第 9 章
信息系统安全与控制

随着互联网和信息系统在企业应用中的普及，信息系统安全与控制也成为企业面临的一项重要课题。我们曾对过去的网络热门事件还记忆犹新，如"机锋论坛被曝泄露 2300 万用户信息""十大酒店泄露大量房客开房信息""海康威视部分设备被境外 IP 控制""苹果超 350 款 App 现'恶意后门'"。2022 年 12 月 20 日，蔚来汽车发布一份声明：12 月 11 日，蔚来公司收到外部邮件，声称拥有蔚来内部数据，并以泄露数据勒索 225 万美元等额比特币（约合 1570.5 万元）。这里既存在信息系统技术安全管理漏洞问题，也存在法律和道德问题，企业在安全方面削减 10% 的费用所需要付出的努力要远远超过在其他任何领域削减 10%。

9.1 互联网给企业安全管理带来的挑战

随着互联网和信息技术的发展，企业所使用的虚拟云和社交平台、仪器、移动设备均可供访问，这就创造了一个极其复杂的 IT 环境，可能导致的安全因素较多，且更加复杂，难以防范。企业不仅面临商业机密泄露的安全风险，还可能面临企业内部人力资源浪费，工作效率降低，网络中断，甚至导致企业陷入法律风险。有个民营企业的老总算了这样一笔账：公司有 400 个员工，每个员工每天上班 8 小时，每月薪水 4000 元，如果每个员工每天花费在上网聊天、炒股等不相关事情上 1 小时，那么公司每年白白浪费的成本就有 240 万元。互联网确实给企业管理带来了新的难题，限制或监视员工的行为可能带来员工的不满，但确实给企业带来了人力资源的浪费、工作效率的降低以及不安全因素等。

如图 9-1 所示，随着信息技术的发展，互联网改变了企业的业务模式，过去客户和企业之间的业务主要是面对面接触，IT 只是后台的管理支撑，企业可以独立管理好自己的数据资产。现在客户和企业之间的业务与 IT 进行融合，通过 IT 实现客户和企业之间的对接，一切变得虚拟化，IT 从后台走向了前台，安全已不能作为一个独立的单元在后台进行管理，而需要进行前台和后台系统化的安全管理方案设计。

第9章 信息系统安全与控制

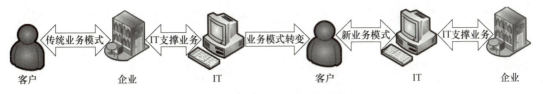

图9-1 IT支撑下的业务模式转变

另外,在企业和外界进行通信的过程中,信息发出端叫作信源,接收端叫作信宿,正常信息流动如图9-2a所示,在这个过程中,可能发生中断、截取、修改和假冒等安全性威胁。

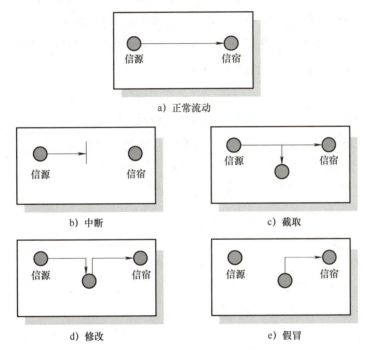

图9-2 网络通信安全性威胁

案例1:据报道,宁波某网吧连续遭到DDoS(分布式阻断服务)攻击,出现网吧带宽流量被占用、网络掉线等现象,导致网吧无法正常营业。经查,尹某利用"135抓鸡软件"在互联网上抓取大量"肉鸡"组成僵尸网络,并远程控制租用的服务器对目标进行攻击。

案例2:乌云漏洞平台发布消息称,某平台系统存在技术漏洞,可导致用户个人信息、银行卡信息等泄露。漏洞泄露的信息包括用户的姓名、身份证号码、银行卡类别、银行卡卡号等,上述信息有可能被黑客所读取。

案例3:都市白领刘小姐在淘宝某店看中了一款商品,与店家联系后对方称店内正举办活动,之后店家以修改价格为由给刘小姐发了一个链接。接下来令刘小姐没有想到的是,骗子发给她的其实是冒牌的钓鱼网站,让她白白损失了支付宝账户中的200元余额。

149

企业信息化管理与创新

上述案例说明在虚拟世界里，人与人之间的通信数据很容易被不法分子利用。现实世界里存在各式各样的小偷，网络虚拟世界里小偷更多、更隐蔽。因此，对于个人来说，需要提高安全意识；而对于企业来说，更需要加强安全管理和防范措施。

9.2 员工上网行为安全管理

企业对互联网的依赖性越来越大，对员工的上网行为安全管理需求到底有哪些呢？各个企业应该从自身管理需求出发，总结出自身所面临的问题，然后加以解决。总体来说，对于企业员工上网行为安全管理，以下需求可能都是期望达到的：

- 希望存在一条或者多条互联网接入线路，并希望能统一监控和管理。
- 希望能实现企业内部员工实名制访问互联网。
- 希望避免互联网出口拥塞，保障关键业务的运行。
- 希望避免互联网恶意代码及木马的威胁，保障内网安全。
- 希望避免内部人员通过互联网的途径泄密，保护企业机密信息。
- 希望阻止内部人员通过互联网发表不良言论，保护企业形象。
- 希望避免员工因互联网娱乐导致工作效率低下。
- 希望加快运维人员定位故障的速度。
- 希望能对互联网上产生的风险实时预警，及时采取措施应对。
- 希望能对以往的互联网行为进行追溯，完整审计。

对于上述问题，企业希望建立一套能对员工上网行为进行规范化管理的机制，除了从制度上进行要求，约束员工的行为，还需要从技术上来控制和预防，最终形成企业良好的文化氛围，那么员工良好的行为习惯就慢慢养成了，也许在不久的未来，这些措施将不再需要。

从技术角度看，需要完成以下功能：①企业内部对 URL（统一资源定位符）进行分类，建立黑白名单，明确哪些网站可以访问，哪些不能访问，然后进行策略设置。②通过技术手段实现网络应用功能的访问限制，网络上的应用程序很多，为了提高员工的工作效率，在工作时间段内，可以限制游戏、音视频等软件程序的使用。③为了防止企业内部资料泄密，对员工的上网内容进行审计，审计范围包括使用聊天软件传递的信息、邮件发送的信息、社交网站发布的信息等。④企业网络内的终端类型纷繁多样，终端使用者的角色也错综复杂，包括对 PC、服务器、哑终端以及移动智能终端的准入控制。⑤网络实时监测以保护公司资料，如禁止 U 盘复制、备份邮件和打印输出资料等，记录上班炒股、看视频、网购、炒私单等不良行为，精准控制个人网络带宽，控制抢占带宽资源，记录常用的聊天内容、QQ 文件传输等，深度了解员工工作状态。

除了在技术上建立信息系统安全管理措施，还要从制度上加以保障，建立企业信息系统安全管理条例、员工上网审核及申报制度以及员工上网行为绩效考核制度等,将员工的上网行为和切身利益挂钩,从而建立长效持续的员工上网行为安全管理机制。

9.3 信息系统安全运营管理

企业信息安全运营需要从全方位系统化的视角去管理,而不是通过单一系统或程序来实现,需要有一套信息系统安全运营管理的机制和方法,将企业的信息系统资源从层次上进行逻辑划分,包括战略层、人员层、流程层、数据应用层、技术层和物理层,如图9-3所示。每个层次制定相应的安全管理策略和方案,这样层层加以控制,能够将企业内部这张网织得密而紧。

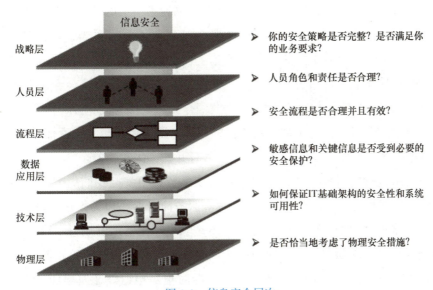

图9-3 信息安全层次

在战略层面上,为组织的信息安全定义战略框架,指明具体安全管理工作的目标和职责范围,加强宣传教育,强化员工的安全意识。

在人员层面上,明确人员的身份和访问安全,包括身份验证、访问管理以及人员身份的全生命周期管理。

在流程层面上,明确安全事件监控、安全事件响应、安全事件审计、安全策略管理、安全绩效管理、安全外包服务等流程是否合理并且有效。

在数据应用层面上,数据生命周期安全、数据泄露防护、数据加密、数据归档、灾难备份及恢复等方面要落实到位。

在技术层面上,保证IT基础架构,包括网络及周边安全、主机安全、终端安全以及信息系统的可用性。

企业信息化管理与创新

在物理层面上,保证机房物理安全、视频监控安全等。例如,某市一无人值守机房因监控通信设备运行的微机起火,烧毁了 2.1 万门程控交换机,使该区通信中断。事故原因:计算机显示器长时间处于开机运行状态,积热不散,引燃周围易燃物品,导致发生火灾。

9.4 信息系统中的责任与道德

2016 年 4 月 12 日,大学生魏某因滑膜肉瘤病逝,他去世前在知乎网站撰写治疗经过时称,在某平台搜索出某医院的生物免疫疗法,随后在该医院治疗后致病情耽误,此后又通过同学了解到,该技术早已被淘汰。此事件在 2016 年 "五一" 期间持续发酵,迅速登上微博热搜,引来各界关注。搜索竞价排名是互联网搜索引擎的核心业务。搜索平台本质上是一个中介,对接了下游的需求和上游的供应,但在这虚拟化的背后,也存在着很大的管理问题,很多平台运营商往往受利益的驱使,在社会责任和道德之间徘徊。如果企业将所有可能发生的不道德行为完全依赖于政府的监管,那么企业的社会责任又在哪里?该事件发生后,该平台发表了内部声明:"今天我们作为一家优秀的企业,需要去背负国家、行业本该履行的监管责任,这是社会对我们的期待,因为能力越大,责任越大。"所有的企业都应该把它落实到行动中,从每一个员工教育开始,深入骨髓。

在当今网络盛行的时代,我们的每次点击在不经意中就把我们的个人信息无偿贡献出来,但谁有权利利用这些信息,平台运营商和服务商有责任和义务去保护这些信息吗?保护的边界在哪里?比如,电子邮件是信息还是隐私,在不同的场景下可能有不同的界定,人们经常将电子邮箱公开出来,以便于大家联系,相互告知,这可能就不属于隐私的范畴。但下面的场景就不同了,据英国《金融时报》报道,花旗集团(Citigroup)确认其 Citi Account Online 服务被黑客侵入,黑客窃取了信用卡客户的姓名、账号、联系信息(包括电子邮件地址)资料,黑客就利用了电子邮件群发钓鱼网站链接,告诉客户银行网站遭黑客攻击,需要客户登录网站升级服务,约有 1% 信用卡用户受到此次黑客袭击影响,这时客户认为自己的电子邮件是个人隐私,银行有权保护隐私信息不受侵犯,法律由此陷入两难困境。

互联网环境下,十大易被窥探信息有电子邮件、账号密码、身份证号、手机号码、银行卡号、信用卡信息、照片、文档、视频、技术资料。从个人角度看,电子邮件、账号密码、身份证号、手机号码、银行卡号、信用卡信息、照片是个人重要的信息,但却在网上被公然兜售,我们的行为经常游走于法律和道德的边缘;从企业的角度看,文档、视频和技术资料是企业重要的资源和财富,却经常容易被泄露。据新闻报道,某制药企业花了 2 年时间组织了 20 多个人的博士团队,研制了一种新药,但在新药上市短短 2 个月不到的时间

第 9 章 信息系统安全与控制

里,竞争对手竟然推出了同样类型的产品,最后经公安机关调查发现,是企业内部员工在不经意间泄露了研制的配方和图纸。在当前市场竞争异常激烈情况下,有些同行甚至培训商业间谍,妄图潜入竞争对手内部,这样的例子也不在少数,这既违反了《中华人民共和国反不正当竞争法》,也违反了商业中的伦理道德。

9.5 BYOD 让自由办公成为现实

2010 年,IBM 开始实施 BYOD(Bring Your Own Device)模式,40 万员工中有 8 万通过智能手机和平板计算机访问内网。全球化的业务模式让很多行业和职位上的工作人员无法在同一时区、同一办公地点、同一台设备上处理业务。公司与其在每个员工身上花费 70 美元的设备运营成本,不如每月补助 20 美元,让员工带自己倍加爱惜的设备和已经习惯的操作系统来上班,由此也带来了安全管控问题。IBM 对 BYOD 的安全管控策略如图 9-4 所示。

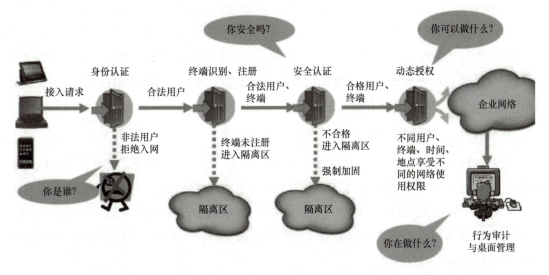

图 9-4 IBM 对 BYOD 的安全管控策略

9.6 案例思考:天喻信息的数据安全专家成长之路⊖

武汉天喻信息产业股份有限公司(简称天喻信息)总部位于"武汉中国光谷"腹地的华中科技大学科技园,是一家致力于在数据安全、移动支付服务等领域提供卓越产品和服务的高新技术企业,企业愿景是"致力于成为客户优先选择的信息技术产品和服务提供

⊖ 资料来源:龙晓枫,李诗谣,田志龙,等. 天喻信息的创新模式:从基础技术走向产品商业化. 中国管理案例共享中心,有改动。

企业信息化管理与创新

商,消费者信赖的杰出品牌"。

经过多年的发展,天喻信息已成为中国数据安全领域领先的产品和解决方案提供商、中国智能卡行业龙头企业,提供包括卡、系统、终端在内的全系列产品和服务,并拥有核心技术和自主知识产权。其中,卡产品主要包括金融IC卡、通信智能卡、社保卡、城市通卡、税控卡(盘)等,涵盖了目前智能卡应用的主要领域,相关业务已扩展到全球30多个国家和地区。

天喻信息在智能卡市场中的领军地位不仅体现在销量上,更体现在对行业标准的话语权上。天喻信息参与制定了多项国家及行业标准,参与这些标准的制定极大地提升了天喻信息的行业知名度。

在2011年成功登陆深交所创业板后,天喻信息坚持数据安全技术的研发和产品化,并将业务扩展至移动互联网,先后进入互联网税务服务、移动金融终端以及物联网(Internet of Things,IoT)领域。2019年公司开始全面进军IoT领域,希望以人工智能、区块链技术为突破口,构建技术创新和产业转型升级的新引擎。

从1993年发展至今,天喻信息已经经历了初创期、成长期、发展期与成熟期四个主要阶段。随着市场的不断变化和发展,天喻信息在始终兼顾重视技术研发与商业化应用场景开拓的同时,也在不断调整自身重心。从起步时的核心技术突破,到成长过程中的多样化应用场景开发,再到快速发展时期的终端产品延伸,最后到成熟期的数据安全生态架构,一步一个脚印地在数据安全这条赛道上前进。

1. 初创期(1993年—2000年):技术突破,奠定基础

改革开放之后,为了打破国外垄断,在科研产业一体化的思路下,时任华中科技大学校长的周济在1993年推动成立了天喻信息的前身华中软件公司,并亲自担任第一任董事长。依托华中科技大学的技术优势,华中软件公司开始进行软件的自主研发。华中软件公司创办时的核心团队成员都来自华中科技大学机械学院,于1994年开始担任公司总经理的张新访便是其中的佼佼者。

由于长期对于技术前沿领域的关注和了解,张新访和技术研发团队敏锐地觉察到了智能卡的广阔前景,因为企业的信息化转型一定需要软硬件作为载体,而智能卡就是很好的载体。当时国内市场上几乎都是存储卡(只包含存储芯片而没有带运算功能的微处理器),智能卡技术完全掌握在国外企业手里,国内企业鲜有涉足。1999年,张新访果断决策,带领团队切入到智能卡领域。

凭着"不成功便成仁"的信念,在三个月的时间里,团队开发出了第一个王牌技术:嵌入式操作系统。这项技术迅速通过了中国人民银行的检测备案(PBOC1.0),公司开始正式进军智能卡领域。1999年,公司更名为天喻信息产业有限公司,并通过改制引入新股东武汉国有资产经营公司,成为一家股份有限公司。2000年,天喻信息的智能卡产品

作为中国第一个安全智能卡项目在国家商用密码管理办公室立项,天喻信息快速建立了行业技术领先者地位。

2. **成长期**(2001年—2010年):**技术聚焦,多点开花**

技术突破让团队有了底气,那么技术的市场在哪里呢?有哪些行业应用场景可以布局呢?智能卡最核心的是信息安全属性,依托高校的技术优势,天喻信息首先与政府部门开展了合作,在社保卡领域取得了突破。2001年,天喻信息实施了中国第一个符合国家社保标准的社保卡项目,研发了第一张社保金融复合卡。社保卡项目的成功让天喻信息趟出了一条从先进技术转化为市场可接受产品的路子。聚焦于智能卡行业,天喻信息开始在多样化的行业应用场景布局,努力拓宽市场。随着信息安全重要性的凸显,智能卡较重要的几大市场领域也逐渐明晰起来。

2002年,天喻信息进入通信市场,先后成为中国移动和中国联通的智能卡(SIM卡)供应商。伴随着移动通信市场的高速发展,天喻信息SIM卡市场规模不断增长,市场占有率一直稳居国内卡商前三名。凭借与通信行业龙头企业的合作关系,天喻信息SIM卡今天已远销中东、非洲、东南亚等30多个国家和地区,年发卡量超过1亿张。

天喻信息研发的技术具有前瞻性,在当时的环境下技术可以应用在哪些领域,怎样变成市场接受的产品,很多时候并不是那么明朗。或许是因为创立之初那一次成功所建立的强大自信,张新访和研发团队的做法是:只要出现一个机会就大胆尝试,敢于放手去做,不管具不具备基础条件。

凭借在社保卡和SIM卡上积累的技术和产品经验,天喻信息接着又瞄准了一个新领域:金融智能卡。金融领域对安全性技术要求较高,在银行卡经历从磁条卡迁移到更安全的芯片卡的过程中,天喻信息很早就发现了这里面的机会。在市场趋向还不明晰时,天喻信息嵌入式操作系统已经持续研发了好几年,基础技术已经积累完成。不过由于对系统安全性和稳定性的要求,以及高昂的转换成本,银行通常不会轻易更换系统供应商,要说服银行放弃国外企业的成熟产品而采用国内企业的产品,极其困难。

如何打破这个壁垒呢?张新访和研发团队仔细研究了芯片技术国际前沿和国外市场银行卡从磁条卡向芯片卡演进的路线,果断地判断:"我们站位要高,从高点切入——国外市场芯片卡容量是4K和8K,我们就做16K和32K的;传输方式他们采用插入ATM机的纯接触式,我们就做双界面(同时包含接触式和非接触式)的。"这样,技术上领先了国外企业一大步,当国内银行业开始从磁条卡向芯片卡迁移时,天喻信息的产品性能优势凸显无疑,2007年顺利通过了工商银行的产品测试,成功拿下了这个"宇宙第一大行",一举奠定了在金融卡领域的领先位置,市场占有率第一。到今天,全国有约200家银行都是天喻信息的客户。

啃下了最大、最难啃的几个骨头,天喻信息进一步拓展市场,实施了上千个行业应用项目,特别是通过高速公路、交通管理、铁路、城市一卡通、公积金等政府项目,巩固了在智能卡行业的领导地位和品牌影响力。从芯片到操作系统再到行业应用,天喻信息逐步完成了嵌入式产品底层数据安全的架构,由此开启了新的赛道。

3. 发展期(2011年—2015年):技术溢出,产品延伸

持续在智能卡上的前沿技术探索成了天喻信息发展的助推器,在行业应用场景的多点开花又让公司积累了丰富的产品经验,天喻信息开始尝试在智能卡的基础之上做一些拓展,变形成各种形式的产品,包括终端产品、模块和核心部件等,特别是能以模块、核心部件的形式嵌入各种终端设备之中,从而让每一个终端设备成为一个数据安全、可信的载体。

在2010年、2011年移动支付还没有像今天这么成熟的时候,天喻信息就开始尝试在手机卡里进行支付技术创新,开发出了NFC手机SD卡,成为中国银联NFC手机支付SD卡的第一家供应商。沿着这条技术路线,天喻信息看到了信息技术进步对金融终端发展与繁荣的促进作用。为此,公司重新设计了产品线,将以POS机为代表的终端产品囊括其中,产品集智能计算机功能和金融POS功能于一体,采用主流智能技术,通过单一终端设备集成多点触控高亮彩屏、磁条卡阅读器、接触式IC卡读写器、非接触式IC卡读写器、PSAM卡读写器、安全密码键盘、热敏票据打印机、多种数据通信方式,可随时随地提供集安全支付、销存管理、自助查询缴费等功能于一体的综合应用解决方案,是当时移动支付的世界级领先产品。

前瞻性技术积累在移动支付领域释放并取得产品化成功后,天喻信息积累了更多基础技术产品化的经验。通过以安全模块、模组的形式嵌入设备之中,天喻信息的产品延伸到了更多终端设备,包括电子学生证、智能手环等消费类电子产品,以及水表、电表、燃气表、共享洗衣机等物联网产品。

4. 成熟期(2015年至今):技术升级,搭建生态

2015年是中国物联网发展的井喷之年。国家提出制订"互联网+"行动计划,推动移动互联网、云计算、大数据、物联网等与现代制造业结合,促进电子商务、工业互联网和互联网金融健康发展。随着互联网的深入发展,物联网也快速扩张,从交通、工业、能源等国计民生领域到零售、消费领域,不断深入人们的生活。

为了实现对租借、售出设备的状态管控、远程维护与远程升级,天喻信息搭建了自有云平台"天喻云"。至此,天喻信息构建了"底层—设备—云端"的完整数据安全生态。与此同时,天喻信息开始整合产品与服务,尝试为客户提供行业综合解决方案。例如,在移动支付服务领域,天喻信息自主开发的"e货广场"供应链O2O服务平台,为流通领域供应链上下游企业提供融合互联网金融支付服务能力的"行业信息通信技术ICT+金融

支付"一体化解决方案，基于电子商务、互联网及移动支付、行业 ICT、大数据处理等技术，可在统一的平台和移动端上为各类企业提供采购、销售、渠道管理、商品管理、价格策略、终端零售、财务管理、电商交易等一系列功能。"e 货广场"供应链 O2O 综合服务平台深耕饮料、食品、乳制品、服装、药业、农产品批发、汽车销售等行业细分市场，已为国内多家知名企业提供服务，包括可口可乐、蒙牛、思念、九州通等。

5. 尾声

天喻信息是一家技术驱动的公司，对创新和高技术人才的重视程度不言而喻。然而，与国内很多关键技术领域的企业一样，人员流失和招人难的问题对天喻信息来说一直是个痛点。互联网大企业的高薪吸引越来越多的技术人才流向沿海经济发达地区，天喻信息的技术人才队伍建设面临很大的困难。

尽管出于对技术创新的重视，天喻信息研发人员的工资水平在公司内部和同行业中还算比较高的，特别是前沿新技术研发人员的待遇较好，但仍不足以与互联网等高薪行业相比。好在天喻信息和高校有着天然的联系，通过建立与高校的研发合作机制，天喻信息攻克了很多技术难关。近年来，天喻信息正在考虑与合作较为密切的高校建立联合实验室，用更加正式的合作方式弥补天喻信息在人才吸引力方面的短板。但张新访内心很明白，一味寻求外部合作终究是"治标不治本"，天喻信息以往的人员流失率在 10% 以上，加之受到疫情影响，在薪资条件和区域环境缺乏足够吸引力的情况下，天喻信息该如何充实人才队伍，保持在技术和产品上的优势，是个很大的挑战。

除了技术人才的问题，天喻信息内部对研发投入的重心和方向也并非没有争议。张新访对数据安全技术发展演进的判断和布局奠定了公司战略的基调，但事实上公司内部，包括很多高管对区块链、AI 等新技术的研发一直有很多不同意见，很多人觉得这些领域就是"无底洞"，公司无法从中盈利。

例如区块链技术，天喻信息从 2016 年开始投入，2019 年设立了区块链中心，建设区块链平台并应用于防伪溯源项目。然而，项目进展并不如预期中的那么顺利，算力不足的问题导致 C 端用户的溯源需求并不能得到满足，项目推进受阻。尽管如此，天喻信息并没有停止在区块链技术上的投入，张新访还是将其作为发展战略的一部分去推进，甚至在项目受阻之后还扩充了区块链中心的团队。在他的推动之下，天喻信息逐步解决了数据上链的便捷性问题，还有一些联盟链和跨链的基础性技术突破。与此同时，转机出现了——国家开始推行数字人民币。数字人民币运用了区块链的底层技术，这无疑带来了新的希望，天喻信息开始朝着区块链与数字人民币相结合的方向转变。尽管尚且不能确定何时能够商用，但天喻信息技术结合和商用的模式已经得到了央行数字货币研究所的认可。当然，能否成为天喻信息下一个增长极，还需要时间来揭晓答案。

随着新一代信息技术的迅速发展，未来社会的数字化转型已经成为必然趋势。政府在

企业信息化管理与创新

《中华人民共和国国民经济和社会发展第十四个五年规划和2035年远景目标纲要》中提出要加快数字化发展，建设数字中国，数字化成为国家的重大战略。面对数字化转型的浪潮，张新访看着办公室墙上"创造智慧安全的信息化生活"的企业愿景，思考良久，在纸上新写下了一行字："用科技构造智慧安全的数字化世界"。他相信，这个新愿景会把天喻信息带向更广阔的世界。

问题：

（1）什么是关键核心技术？它具有什么特点？像天喻信息这样的关键核心技术领域的企业，其生存和发展会面临哪些困难？

（2）天喻信息坚持布局前沿技术，技术前瞻性与产品商业化之间存在冲突吗？它是怎么做的？

第 10 章
IT 带来的机会与挑战

英特尔的创始人戈登·摩尔提出每 18 个月芯片的集成度（元件的数量）翻一番，即处理能力翻一倍。你是兴奋还是痛苦？你肯定感叹这世界变化太快了，这也给 IT 公司发展带来了困惑，因为 IT 不断更新，使得 IT 公司似乎变成了"骗子"公司。有人说"那我等"，其实你永远等不到最新。

吉尔德定律告诉我们，每 6 个月互联网通信量（社会性成本）翻一番。这意味着通过各种社交网络，互联网通信量和活跃度会迅速提升，企业必须思考，如何抓住时机尽早投入互联网社交领域。我们还在等吗？那可能错过了很多商机。

梅特卡夫定律告诉我们一个人在网络世界里产生的价值是平方关系，即在现实世界中是线性关系 $f(x) = nx$，在网络世界里是平方关系 $f(x) = k/2*x(x-1)$。其中，k 为商业模式，$k > 0$ 为盈利，$k < 0$ 表示投入越多，烧钱越多。因此，盈利模式也是有边界的，一旦突破边界，就要有很大的经济成本，也可能会损失自身诚信。

10.1 信息技术引领政策方向

网络信息是跨国界流动的，信息流引领技术流、资金流、人才流，信息资源日益成为重要生产要素和社会财富，信息掌握的多寡成为国家软实力和竞争力的重要标志。

2015 年 8 月，国务院发布《促进大数据发展行动纲要》，明确提出数据已成为国家基础性战略资源，要加强顶层设计和统筹协调，推动产业创新发展，强化安全保障。

2016 年 7 月，中共中央办公厅、国务院办公厅印发了《国家信息化发展战略纲要》，这是规范和指导未来 10 年国家信息化发展的纲领性文件。总体目标是建设网络强国，具体分三步走：第一步到 2020 年，核心关键技术部分领域达到国际先进水平，信息产业国际竞争力大幅提升，信息化成为驱动现代化建设的先导力量；第二步到 2025 年，建成国际领先的移动通信网络，根本改变核心关键技术受制于人的局面，实现技术先进、产业发达、应用领先、网络安全坚不可摧的战略目标，涌现一批具有强大国际竞争力的大型跨国网信企业；第三步到 21 世纪中叶，信息化全面支撑富强民主文明和谐的社会主义现代化国家建设，网络强国地位日益巩固，在引领全球信息化发展方面有更大作为。

2018 年政府工作报告提出坚持以供给侧结构性改革为主线，着力培育壮大新动能，直接指明了集成电路、第五代移动通信、大数据、人工智能等重点方向，为数字经济发展加油助力；国家对于数字经济的定位不止局限于新兴产业层面，而是将之提升为驱动传统产业升级的国家战略。

2019 年 10 月 24 日，中央政治局进行第十八次集体学习区块链技术，习近平总书记指出要把区块链作为核心技术自主创新的重要突破口，加快推动区块链技术和产业创新发展。

2022 年 10 月 16 日，党的二十大报告指出加快建设网络强国、数字中国。加快发展数字经济，促进数字经济和实体经济深度融合。党的十八大以来，我国数字化建设按下加速键，建成全球规模最大的网络基础设施，以互联网为依托的新业态和数字化场景层出不穷，各类数字社会服务日益普惠便捷，数字经济成为推动高质量发展的重要引擎。

中国共产党历次全国代表大会都在强调信息技术融合创新发展。

- 党的十六大（2002 年）：以信息化带动工业化，以工业化促进信息化。
- 党的十七大（2007 年）：大力推进信息化与工业化融合（两化融合）。
- 党的十八大（2012 年）：工业化、信息化、城镇化、农业现代化同步发展（四化同步）。
- 党的十九大（2017 年）：推动互联网、大数据、人工智能和实体经济深度融合。党的十九大报告首次纳入"数字经济"这个关键词。
- 党的二十大（2022 年）：高质量发展、网络强国和数字中国。

10.2 信息技术改变企业环境

1. 全球化

IT 使得企业边界的范围越来越广，企业若要参与全球的市场化竞争，客户资源的争夺和供应商的选择都需要在互联网模式下进行，关键在于谁具有成功的商业模式。随之而来的是跨国界的全球化企业管理和控制（资源）以及全球化的协同商务，如何在全球化范围内实现不同文化差异组织间的协同和管理，越来越成为企业面临的重要课题。

2. 工业经济向知识经济的转变

工业经济向知识经济的转变，人力资源的知识结构要求发生了巨大变化，知识成为重要的资源，基于信息的产品与服务不断创新。知识经济时代是不是就不需要工业经济了呢？答案是否定的，知识经济时代仍然需要工业经济，但知识创造的财富和价值比工业本身价值更大。

3. IT 的发展形成新的信息结构

信息技术的发展使我们的工作、生活和思维方式都发生了根本性的变化，形成了新的信息结构。例如：远程办公不仅可以节省时间，还可以提高工作效率；网上购物、网上银行等让人们的生活更加便捷；工业机器人使得传统的劳动者工作逐渐被替代，随之而来也要产生新的工作岗位，如工业机器人制造、维修人员需求将增加。

时代在变化，20 世纪七八十年代只要有资源就可以生产，那时候是卖方市场。到 90 年代，人们开始注重成本，标识成本最有效的方式是价格，这时就有了价格竞争。后来发展到光有价格优势还不行，市场越来越理性，人们更加在意产品的质量，那么怎样标识质量呢？价格仍然是标识质量的最好方式，其他还有质量认证、口碑、广告。广告是自己说好，口碑是别人说好，质量认证是第三方说好，如 3C 认证、星级认证、ISO9001 等。但是并非质量好的人们就喜欢，个性化在目前显得尤为重要。所谓个性化，就是以客户体验为中心，如组织客户参观生产过程，快递公司将自己的送货过程让客户了解，这就是客户体验。

10.3 数字化时代企业管理理念的变化

1. 管理关注的焦点从职能管理转为流程管理

无论是企业还是政府部门，都存在条块分割、部门墙、地区墙等"信息孤岛"，怎样把这些墙打通，就需要通过流程来整合。

2. 管理对象的焦点从产品管理转为顾客管理

在计划经济时代，企业更多关心产品如何更加快速高效地生产，而不管市场需求；在市场经济下，产品之间的竞争尤为激烈，如何发现需求，维持好客户之间的良好关系才是企业的出路。

3. 企业之间交易性的管理转变为企业之间关系的管理

过去企业之间很难形成共同体，它们之间往往通过交易形成相互之间的关系；随着外包的深入发展，企业和企业之间的依赖性逐步加大，通过相互的信息共享和契约协调已经形成相互依赖的共同体。因此市场之间的竞争已经转变为供应链与供应链之间的竞争。

4. 管理内容从物资管理转为信息管理

计算机通过 0、1 编码将将现实世界的事物表示成数据世界，它们之间存在着相互的映射关系，将现实世界和数据世界进行同构，从而通过数据世界来表示和认识现实世界，这就是从物资管理到信息管理的转变，现实世界越来越计算机化。

5. 竞争形态从零和竞争转为多赢竞争

过去企业在建立相关利益关系时,往往通过讨价还价取得自身的盈利模式,但总体收益为 0。而现代商业模式往往需要将相关利益者进行资源整合,通过一定的组织方式来实现多方的共赢,这就是现代商业模式的创新。甚至有的企业通过免费提供平台,来汇集多方资源,这就是平台思维。

6. 战略重点从经营战略转为信息战略

企业的战略也在不断调整,很多企业配备了信息部门和 CIO,逐步意识到将企业的经营战略实现必须依赖于信息战略才能真正落地。

企业管理者是否应该深刻理解和体会这些理念的变化,并将其运用于实践,这是非常值得思考的问题,我们的企业正在做什么?

10.4 案例思考:三一重工如何建成灯塔工厂

三一重工的北京桩机工厂,2021 年入选新一期全球制造业领域"灯塔工厂"名单,成为全球重工行业首家获认证的"灯塔工厂"。进入三一重工桩机 1 号工厂,如图 10-1 所示,最先进入视野的是有条不紊地进行装配的机器人,这些机器人都带有一双"慧眼",通过摄像头传输作业面情况,机器人可以实时得到场景深度信息和三维模型,作业时指导机械手自动修复偏差。放眼看去,4 万 m^2 的车间除了机器人在作业,很少看见工作人员的身影。

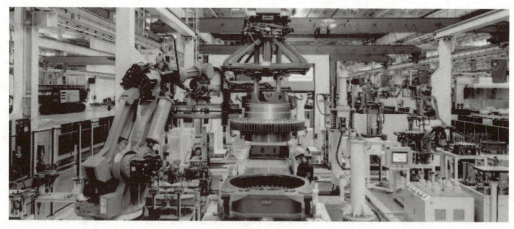

图 10-1 三一重工桩机 1 号工厂

1. 变革决心

2018 年 3 月 13 日,三一重工董事长梁稳根在第十三届全国人民代表大会第一次会议

案例改编自 https://baijiahao.baidu.com/s?id=1712695961669182982&wfr=spider&for=pc。

上表示,近五年是传统工程机械行业技术进步最快的五年。在互联网信息产业蓬勃发展的今天,传统装备制造业怎样实现智能化、数字化的转型,梁稳根给出了自己的解释:"第一,它的核心业务必须全部在线上;第二,它的全部管理流程必须靠原件;第三,它的产品必须高度的智能化,它的管理流程必须高度的信息化。"此时三一重工作为重型装备的生产者,各零部件加工过程相互独立,生产线之间难以衔接。叠加工厂生产设备繁多,网络连接复杂,改造成本高,数字化转型如同大象转身般笨重。

2. "一把手"的数字化认识

面对工程机械和制造业的数字化,三一重工要么翻身,要么翻船——不能实现数字化升级一定就会翻船,转型升级成功就会翻身,变得更加强大。梁稳根要求全体员工持续加强数字化知识的学习,不断提升数字化的认知和技能。通过数据驱动公司的全面发展,提升产品的智能化水平,把工程机械变成工程机器人,从三个方向发力:原材料的精准分拣和配送(通过原材料立体仓库和生产线配送 AGV)、生产工艺的智能化和自动机器人、制造管理的软件化管理和机器决策(从订单到交付)。

3. 转型愿景

"三个三"是三一重工转型愿景的简称,具体是指 5 年之内实现从 1000 多亿元到 3000 亿元的销售收入的跨越(收入翻番),大幅调整人员结构,将现有的 3 万人规模的产业工人缩减至 3000 人,将目前不到 5000 人的研发、工程师团队扩增到 3 万人。

这是人的根本性的变化,也从侧面说明了数字化转型中人的变化、人的转型。新人、新组织、新机制、新技术、新商业模式,使一个企业从一个劳动密集型的传统制造企业彻底转型成为一个知识密集型企业。所有的企业最终都是以客户为中心的科技型企业。

4. "一把手"自身学习并推动高管学习

梁稳根亲自筛选价值高、有内涵的文章、书籍、知识、经验进行分享,对高管团队进行充分的数字化"洗脑式"培训。采取考核、排名、演讲等多种方法,将高管们动员起来,自上而下地推动,集团各个体系也都积极开展了自主学习。此外,三一重工还开展了一系列的数字化相关主题的路演,并采取公开评比的方式进行鼓励与监督。

5. 成立新组织

在三一重工的集团层面,除了董事长亲自负责之外,还专门设置有高级副总裁来直接负责数字化战略执行的相关领导工作。集团于 2018 年年底在北京成立智能研究院,负责整体的数字化研究。同时,三一重工对集团数字化转型的重要推动力量——BPIT 部(业务流程与信息化部)进行调整,大幅增加数字化人才力量,提升业务流程部门地位,统领集团层面的 IT 项目工作。

在部门层面,将过去紧耦合的数字化转型权力部分下放到事业部和子公司,将专业的数字化团队注入集团每个角落，做到了松耦合，便于局部创新。要求各职能总部、各事业部都要成立智能本部，都要有一个负责数字化转型的研究中心。

6. "一把手"持续关注

每一个职能部门都要有自己的数字化规划，并要当面向董事长汇报。只有董事长批准同意的数字化规划，部门才能展开投入。规划之后的项目会被董事长办公室录入董事长的日常管理系统里，职能部门每周要汇报任务是否按时完成，并提供佐证材料。董事长办公室每周对这些项目情况进行打分，并将分数与年底的绩效考核挂钩。在三一重工总部，到处张贴着数字化转型的金句、标语，并细化到了卫生间的每一面墙上。

7. 人的转型

三一重工的每个事业部、子公司都在引入与数字化相关的高技术人才、管理人才，比如，有针对性地引进具有相关行业经验、长期从事数字化转型的高精尖人才。

三一重工 BPIT 部的总经理、营销与风险中心主任等，都是近几年新引进的。因为大规模地吸引具有新思维、新技能的人才，2019 年，三一重工 BPIT 部引进人才比之前存量翻了一番。

三一重工还设置了数字化考试、编程考试等，并提供相应的培训，从而转化老员工的思想和技能。所有员工都可以报考，通过考试的员工，可根据职级不同，分别给予提薪一等，或者 1000～10 万元不等的现金奖励。

三一重工设置了大步快跑、大胆试错模式，由董事长亲自牵头，为每一个事业部、子公司设定数字化预算，不但要求他们要"全部花完"，还对资金是否花到刀刃上有所要求，即所有的投入必须能够在最长 5 年内收回成本。

8. 转型领域

将数字化融入制造的每一个环节，从根本上提升企业效率。在供应链上要梳理上下游的各个维度，形成完善的企业物料进、销、存的闭环管理。

在生产上打造无人工厂或少人工厂，利用自动化技术，高效的流程组织生产，最后在销售中，利用数字技术，玩转数字化营销。

在研发端，通过数字孪生等技术，连接近 50 万台客户设备，洞察设备的整体运行工况、故障对应下的工况特征、设备健康情况、操作者的驾驶行为等，这些都会以数据形式反馈回来，为研发提供最真实的场景应用数据，全面提升研发效率。

梁稳根说，"做了工业互联网以后，我们和软件行业甚至没有区别，我永远知道客户在怎样使用我的产品。所以，三一重工的研发人员很幸福，现在已经没有客户拜访的制度了"。

9. 全新的商业模式

2018年5月18日,三一重卡正式上市,第一年就实现了12000余台的销量,两年内跃居行业第七位。董事长梁林河亲自打造"网红"人设,亲自为三一重卡代言,并在"卡车之家"连载了80多篇文章。

三一重卡还通过社交商务和网红卖车,没有经销商,实现了司机自提。比如,他们把司机请到长沙总部来,为他们介绍湖南长沙的特产等,其目的就是创造题材,产生内容,然后让他们自动自发地进行传播。

在商业模式创新方面,企业向供应商承诺,不进入零部件产业。此外,所有零部件只向一家供应商采购,所有采购全部现金结算。

三一重卡还将研发平台与供应商研发平台进行了绑定,可实现双平台同步设计,整体研发效率更高。供应商也能实时掌握三一重卡客户下单量。

10. 转型的初步价值

以最少的工人,实现最大的人均产值。以三一重工的18号"灯塔工厂"为例,以前1050个工人只能每月生产400台泵车,现在800个工人就能实现600台产能,人均产能提升了96.9%。

通过MES自动将订单精准分解到每个工人,订单、工作和物料分配都不再需要人来统筹,工人只需按系统指示进行工作,大大降低了工作的复杂度和难度。

现在仓库只有8个库管,这是同等容量的仓库的1/5。另外,高强度、高危险的工作,老员工要退休,年轻人不愿意做,招聘就存在困难,而机器的抗周期能力要比人更胜一筹。

问题:

(1)三一重工的数字化转型驱动因素有哪些?

(2)畅想三一重工的未来将如何更好地发展?

后　记

　　随着信息技术的发展和算法的不断成熟，人类对世界的认识逐步从过去基于经验、归纳、演绎、实验的思维模式转变为基于大数据、虚拟场景的猜想，通过虚拟现实反向指导人类实践。例如，区块链能否与汽车产业相耦合？在全产业环节内部流程再造、车辆交易、无人驾驶、车联网等场景方面如何突破？人工智能和区块链技术与行业进行碰撞，必将产生新的火花。

　　企业面临信息技术的不断迭代，转型是克服危机的必然选择。一个组织能不能活得久，关键在于组织能不能可持续。持续性是组织最大的挑战，在外部环境不断变化的今天，只有转型才能让一个组织可持续。任何组织确立转型的首先是思维的变革，要突破用传统的思维去重新思考现在和未来，达成新的认知。

　　回顾中国企业信息化的发展历程，从支持单个企业到支持集团化运作，从支持简单的事务处理、数据处理到支持管理决策，从数据收集到数据深度分析利用（信息资源价值），从简单的事务支持到商务智能，从文档资料到"微内容"的聚合。可以看到，互联网时代，无商不电子，中国企业信息化已渐入佳境。

　　但IT本身并不能产生价值，而只有被利用了（与业务融合）才有可能产生价值。IT本身是资源，但只有与企业的其他互补资源相结合才能发挥价值。信息系统实施，难点之一在于管理系统与"人"的变革，但系统本身也是个重要因素。数据/信息是资源，但只有被分享时才是企业资源；知识是力量，但只有被企业分享时才是企业力量。IT价格越来越便宜，但要审时度势：过多的IT也是陷阱！过分保守就是落后！恰到好处才是管理！IT一旦被应用，就具有脆弱性，要加强"防御型"管理，即信息安全、系统安全与健壮性保护，建立健全IT安全管理的制度和环境等。

　　企业信息化的过程，实际上是一系列变革的过程，首先需要变革企业的思想和文化，然后变革企业的组织和流程，最后才是寻求IT技术的帮助，以通过技术深入企业应用来辅助完成这些变革。

　　在实施IT项目的过程中，要遵循聚、通、用三原则，即要对企业资源进行统筹规划，聚合成统一的数据平台，在此基础上，通过业务流程的梳理和再造将部门职能打通，将多个大脑变成一个大脑，最后再开展应用。

后 记

　　IT 投资是锦上添花，不是雪中送炭；IT 应用需要"有的放矢"，"过多的 IT 是陷阱"；IT 引入和管理变革"分则亡，合则兴"；IT 方案决策要立足自身发展需求，领先一步是"先进"，领先两步可能是"先烈"；IT 项目实施需要管理（计划、目标、领导、执行），需要合适的组织（项目组），避免出现"甲方乙方""不见不散""没完没了"，最后"一声叹息"；员工对企业级 IT 的接受不会自发，变革也不会自发，需要引导和管理。

　　信息系统的建设是一个长期复杂的系统工程，随着内外部环境的变化，也要做出相应的适应和调整。总之，罗马不是一天建成的；前途是光明的，道路是曲折的；"一把手"和全体管理人员的责任是非常重大的。

参考文献

[1] 王汉生. 数据思维：从数据分析到商业价值 [M]. 北京：中国人民大学出版社，2017.

[2] 张道海，袁雪梅，李丹丹，等. 大数据处理技术及案例应用 [M]. 北京：机械工业出版社，2022.

[3] 刘士军，王兴山，王腾江. 工业 4.0 下的企业大数据：重新发现宝藏 [M]. 北京：电子工业出版社，2015.

[4] 陈雪频. 一本书读懂数字化转型 [M]. 北京：机械工业出版社，2021.

[5] 贾君新. 数据思维赋能 [M]. 北京：清华大学出版社，2020.

[6] 朱幼平，陈雷，何超，等. 链改：区块链中国思维 [M]. 北京：中信出版集团，2021.

[7] 宁涛. 智慧港口实践 [M]. 北京：人民邮电出版社，2020.

[8] 杜均. 区块链 +：从全球 50 个案例看区块链的应用与未来 [M]. 北京：机械工业出版社，2018.

[9] 朱晓明. 走向数字经济 [M]. 上海：上海交通大学出版社，2018.

[10] 《大数据领导干部读本》编写组. 大数据领导干部读本 [M]. 北京：人民出版社，2015.

[11] 王仰副，刘继承. 中国企业的 IT 治理之道 [M]. 北京：清华大学出版社，2010.

[12] 张道海，金帅. "互联网 +" 时代的企业信息化管理与创新 [M]. 镇江：江苏大学出版社，2016.

[13] 宁钟. 集群式供应链风险管理与控制策略研究 [M]. 武汉：武汉大学出版社，2009.

[14] 石建鹏. 网络营销实战全书 [M]. 北京：北京联合出版公司，2012.